中等职业教育素质教育课教材

阳光心态，健康人生

——中职生心理健康成长手册

主编　岳　勇　李云海　王小亮

天津大学出版社
TIANJIN UNIVERSITY PRESS

图书在版编目（CIP）数据

阳光心态，健康人生：中职生心理健康成长手册 / 岳勇，李云海，王小亮主编. --天津：天津大学出版社，2024. 7. --（中等职业教育素质教育课教材）.

ISBN 978-7-5618-7780-7

Ⅰ. G444

中国国家版本馆 CIP 数据核字第 2024G2318D 号

阳光心态，健康人生：中职生心理健康成长手册

YANGGUANG XINTAI JIANKANG RENSHENG ZHONGZHISHENG XINLI JIANKANG CHENGZHANG SHOUCE

出版发行　天津大学出版社
地　　址　天津市卫津路 92 号天津大学内（邮编：300072）
电　　话　发行部：022-27403647　邮购部：022-27402742
网　　址　www. tjupress. com. cn
印　　刷　河北鑫彩博图印刷有限公司
经　　销　全国各地新华书店
开　　本　787mm×1092mm　1/16
印　　张　13. 25
字　　数　244 千字
版　　次　2024 年 7 月第 1 版
印　　次　2024 年 7 月第 1 次
定　　价　36. 80 元

编委会成员

主　编　岳　勇　李云海　王小亮

副主编　郑道美　徐艺萍　周美曼

　　　　何　艳　罗中平　尹　君

参　编　陈海波　范　丹　朱玉盘

前言

PREFACE

心理健康教育是德育与思想政治教育工作的重要组成部分，党和国家十分重视学生的心理健康教育。学校应坚持以习近平新时代中国特色社会主义思想为指导，紧紧围绕深入学习贯彻党的二十大精神这条主线，以全面实施“时代新人铸魂工程”为牵引，着力构建学校思想政治工作新生态，在实施科教兴国战略、加快建设教育强国、培养担当民族复兴大任的时代新人的新征程上迈出思想政治工作的坚实一步。学校精心组织开学系列教育引导活动，推动学生实践起来、校园文化活跃起来、师生互动密切起来、心理健康教育实施起来。

关注中职生的心理健康教育，避免或消除各种心理压力造成的心理应激、心理危机或心理障碍等问题，增进中职生的身心健康，预防精神疾病和身心疾病的发生，进而使中职生以积极、正常的心理状态，去适应当前和未来发展的社会环境，已成为各中等职业学校迫切需要加强的工作。

《阳光心态，健康人生——中职生心理健康成长手册》设计了八个话题，分别为“走近心理　把握幸福”“完善自我　无悔青春”“接纳情绪　滋养心灵”“修炼人际　快乐成长”“激扬青春　花季雨季”“学会管理　科学求知”“发展个性　启蒙职业”“珍爱生命　逆流勇进”。

本书力求深入浅出、通俗易懂、案例常见，体现知识的前沿性、实用性，每个主题都围绕当下学生的重点心理问题进行阐述。为了让学生有更深刻的体验，书中的案例紧贴中职生实际，通过引导与体验，促进学生积极地探索自我、塑造自我、完善自我。本书既是中职学生成长的专用指导手册，也可以作为同年龄段人群的心理学习参考书，还可供中职院校从事心理健康教育工作的人员参考。

本书具有如下特色。

（1）突出中等职业学校心理健康教育的特点。本书所用的教学案例均选自教学一线，贴近学生心理实际需求。

（2）具有发展性的特点。本书不仅紧密联系学生的现实需要，还站在学生未来发展的高度，给予学生深切的人文关怀，将促进学生“自我塑造、自我完善”贯穿始终。

（3）板块丰富，可读性较强。书中设计了课堂引入、课堂活动、课堂思考、心理拓展、趣味测试和心灵体验等板块，以加大教师对相关内容的教学力度，拓展学生对相关问题的认识深度。

本书由恩施市中等职业技术学校岳勇、武功山中等专业学校李云海、南城中等专业学校王小亮等主编，由重庆市艺才高级技工学校郑道美、郑州师范学院徐艺萍、鹰潭工业中等专业学校周美曼、安源区职业高级中学何艳、湖南省洞口县职业中专学校罗中平、常宁市教师进修学校尹君等担任副主编，由武功山中等专业学校陈海波、徐州机电技师学院范丹、徐州机电技师学院朱玉盘等参编。本书在众位编者的共同努力下最终付梓出版，在编写过程中，还参阅了一些优秀教材与互联网资源，在此向相关作者一并表示感谢。由于编者水平和经验有限，书中难免有遗漏与不妥之处，希望各位专家和一线教师批评指正。

编者

目录 CONTENTS

话题一

走近心理　把握幸福

学习目标

知识目标

☆了解健康的定义及其重要性。

☆理解心理健康在健康中的核心地位。

☆了解心理健康的标准。

☆了解中职生心理健康状况。

☆熟悉心理健康活动课的意义和特点。

☆了解心理咨询的概念和作用。

☆掌握一些保持心理健康的方法。

能力目标

☆能客观分析自己的心理健康状况。

☆能科学对待自己遇到的心理问题。

☆增强保持心理健康的能力。

素质目标

☆培养积极参与心理健康活动的意愿。

☆培养自尊自信、乐观向上的现代文明理念和心理健康意识。

☆消除病耻感，树立科学应对心理疾病的意识。

活动一　初识心理健康

心理学是一门与人类幸福密切相关的科学。

——理查德·格里格

课堂引入

小欣的童年阴影困扰

小欣平时看起来和其他同学一样，正常上课，和同学相处融洽，爱说爱笑。可是在一些比较安静、光线较暗的环境里，她经常会不安、紧张、慌乱、害怕，呼吸急促，然后情不自禁地流泪。这是为什么呢？

原来，小欣心里有一个埋藏了很久的伤口。小欣小时候，因为父母工作忙，经常一个人被关在家中，半夜醒来，只有空荡荡的屋子和黑夜带来的“死”一般的寂静。那时，小欣只有7岁。即使把家中所有的灯都打开，她依然害怕地蜷缩在被子里，眼泪不受控制地流下来。恐惧感时时充斥在她心里，感官能感受到的只有被子里浑浊稀薄的空气，以及大片被眼泪打湿了的床单。哭累了之后，她也不知道是怎么睡着的，醒了之后又接着哭。

童年的阴影挥之不去，导致了小欣现在出现一些异常表现。小欣很想改变这种状况，却又不知道怎么办。

想一想：如果你是小欣的朋友，如何帮助她摆脱恐惧呢？

心理学是一门广泛涉及人们生活的科学。人的生活主要是由心理与行为支撑的，无论是生活中的衣食住行，还是工作中的为人处世，都离不开心理学，都需要心理学的帮助。

随着生活条件的改善、科学技术水平的不断发展，人们也越来越重视自己的健康。因为没有健康，就无法拥有财富、爱情和幸福，就等于失去一切。那么，什么是健康呢？

一、健康的定义

1948 年，世界卫生组织（WHO）就明确指出，健康不只是没有疾病或不虚弱，它是一种在身体、心理和社会适应能力等各个方面都能保持和谐的状态。可见，全面健康至少应包括身体健康和心理健康两个方面，二者密不可分。而具有社会适应能力，也是国际上公认的心理健康的首要标准，即要求个体的各种活动和行为能适应复杂的环境变化，与他人和谐相处。以上三者缺一不可，这就是健康概念的精髓。

1989 年，世界卫生组织又提出 21 世纪健康的新概念。健康不仅是没有疾病，而且包括身体健康、心理健康、社会适应能力良好和道德健康。道德健康就是以不损害他人利益来满足自己的需要，能自觉地以社会规范来约束自己的行为。

从以上观点可以看出，健康至少包括四大要素：生理平衡（没有身体疾患），心理稳定（没有心理障碍）、社会成熟（具有社会适应能力）、道德健康（具有良好的品质）。这四大要素相互依存、相互促进并有机结合。

二、健康的核心——心理健康

所谓心理健康，是指个体在各种环境中能保持良好的心理效能状态。个体在生活实践中，要不断地与外界环境（自然和社会环境）发生联系，相互作用，接受环境的影响并积极反作用于环境，以取得与外界的平衡与协调。一个心理健康的人，应能随着环境条件的变化而不断调整自己的心理结构，以达到与外界的平衡。

心理健康影响着个体的方方面面，比如，影响着个体的情绪、人际关系、判断和决策能力、社会功能和身体健康，所以在日常生活中，我们要以擦黑板一样的态度来维护我们的心理健康，确保心情舒畅和心理平衡。

三、心理健康的标准

根据我国国情和社会经济发展的需要，心理健康的主要特征，包括以下八个方面。

1. 智力正常

智力正常，是指能正确、客观地认识自然和社会，头脑清醒，能以积极正确的态度面对现实的问题、困难和矛盾，既不回避也不空想。智力包括观察力、记忆力、注意力、思维与想象力以及各种操作能力等。智力正常是学习、生活与工作的基本心理条件，也是适应周围环境变化所必需的心理保证。

2. 情绪健康

情绪健康的标志是情绪稳定和心情愉快，包括愉快情绪多于负面情绪，乐观开朗、富有朝气，对生活充满希望；情绪较稳定，善于控制与调节自己的情绪，既能克制又能合理宣泄自己的情绪；情绪反应与环境相适应。

3. 意志健全

意志是个体在完成一种有目的的活动时，所进行的选择、决定与执行的心理过程。意志健全的学生在各种活动中都有自觉的目的性，能适时地做出决定，并运用切实有效的方式解决所遇到的问题；在困难和挫折面前，能采取合理的反应方式，能在行动中控制情绪和言而有信，而不是行动盲目、畏惧困难、顽固执拗。

4. 自我意识正确

自我意识正确，是指有自知之明，在集体中自信、自尊、自重，对自己的优缺点有正确的评价与要求；在实践中，不断开发自己的潜力，以实现自己的理想与人生价值。

5. 个性结构日趋完善

个性是个体经常的、本质的和他人相区别的心理特点的总和。它包括心理倾向性（如需要、动机、兴趣、意志、人生观等）和个性心理特征（如能力、气质、性格等）。

6. 良好的人际交往

良好的人际交往，是指乐于和善于与人交往，能和大多数人建立良好的人际关系，重视友谊，不拒绝别人的关心与帮助；与人相处时积极态度（如热情、坦诚、尊重、信任、宽容、融洽）多于消极态度（如忌妒、冷漠、怀疑、计较）；在新环境中能很快适应，与他人打成一片。

7. 行为得体

行为得体，是指个体生活态度积极，珍惜一切学习与工作的机会。行为上表现出独立自主，不以他人的好恶作为个人行为的依据；既不盲从，也不受诱惑，能做到有所为有所不为。

8. 反应适度

反应适度，是指个体对外界事物的反应和活动效率积极、主动而富有成效；不冲动毛躁，也不敷衍塞责。

课堂活动

对照心理健康标准，你觉得自己在哪些方面存在问题？需要选择哪种解决途径？请将答案填在表 1－1 中。

表 1－1 心理问题及其解决途径

心理问题	解决途径

恭喜你能这么认真地对待自己的问题。当你拥有面对问题的勇气后，问题就易于解决了。

四、中职生心理健康状况

目前，大多数中职生的心理是健康的，有较高的智力水平、强烈的求知欲望。他们学习效率高、充满朝气、乐观自信、人际关系良好、情绪稳定、善于自我调节、适应良好，但是也有相当一部分学生的心理健康状况不容乐观。当代中职生面临很多机遇和挑战，也因此承受着较大的心理压力与冲突，在这种情况下，中职生心理疾病已经成为一种常见病、多发病。

全国抽样调查显示，目前，有 23% 的中职生有不同程度的心理健康障碍或心理异常表现。其中，有一些人常有烦恼、悲观、沮丧、恐惧、紧张、抑郁、失望、孤独、敌对、焦虑等负面心理情绪，并出现行为紊乱状况。这些不良的心理健康症状很容易导致心理极度失调，甚至造成出走、自杀、凶杀等事故。

尽管不少中职生在不断地调适自己的行为，不断地学习，但由于他们在成为社会成员的社会化过程中各个阶段所遇到的问题都不同，同时心理尚未完全成熟，所以有时容易出现“问题行为”，给中职生的健康成长带来许多消极的后果。从某种意义上讲，中职生已经成为心理健康问题的高发人群。心理问题已对很多中职生的健康产生了严重的威胁，健康心理的培养已成为当今学校刻不容缓的课题。

课堂思考

1. 你的同学有没有出现过类似的心理健康问题？

2. 你觉得造成学生心理健康问题的主要原因是什么？

3. 你的同学出现心理问题时，一般是怎么解决的？

小故事

少年与智者

一位少年不知如何才能既使自己愉快，又使别人愉快。于是，他就去拜访一位年长的智者。智者送给少年四句话。第一句话是“把自己当成别人”，即在自己感到痛苦时，把自己当成别人，这样痛苦就减轻了；而当自己欣喜若狂时，把自己当成别人，狂喜也会变得平和一些。第二句话是“把别人当成自己”，即真正同情别人的不幸，理解别人的需求，并且在别人需要的时候给予恰当的帮助。第三句话是“把别人当成别人”，即要充分地尊重他人的独立性。第四句话就是“把自己当成自己”，对这句话的理解，需要慢慢品味。

少年问：“先生，这四句话之间有自相矛盾的地方呀？我怎么才能把它们统一起来呢？”智者说：“很简单，用一生的时间和精力。”

后来，少年经历了人生中的青年、壮年和老年阶段，最后离开这个世界；但人们还时时提到他的名字，说他是智者。因为他用一生的时间，在做不仅让自己愉快，而且也使他人愉快的事。

心理拓展

心理健康中的“灰色区”概念

心理正常与不正常无明显界限，它们之间有一个连续变化的过程。具体而言，如果将心理正常比作白色，将心理不正常比作黑色，那么，在白色和黑色之间存在着一个巨大的缓冲区域——灰色区。世界上大多数人都散落在灰色区域内。灰色区是非器质性精神痛苦的总和，其中包括心理不平衡、情绪障碍及变态人格。这些问题不同程度地干扰了人们的情绪状态与正常生活。

灰色区又可以进一步划分为浅灰色区与深灰色区两个区域。浅灰色区的人只有心理冲突而无人格变态，突出表现为，由失恋、丧亲、工作不顺心、人际关系不和睦等矛盾带来的心理不平衡与精神压抑。处在深灰色区的人，则患有种种异常人格和神经症。如强迫症、恐惧症、癔症、性倒错等症状。浅灰色区和深灰色区之间也无明显界限，后者往往包含了前者。

灰色区的存在，说明在人生的发展过程中，我们面临心理问题是正常的，不必大惊小怪，应积极加以调整和矫正。

趣味测试

心理健康检测（表1－2）

表1－2　心理健康检测表

题目	选项	
你是否有足够的自我安全感？	是	否
你是否对自己充分了解，并能恰当地评价自己的能力？	是	否
你是否有生活理想和切合实际的生活目标？	是	否
你是否能与周围的环境保持接触？	是	否
你是否能保持人格的完整和谐？	是	否
你是否善于从经验中学习？	是	否
你是否能保持良好的人际关系？	是	否
你是否能适度地发泄情绪和控制情绪？	是	否
你是否能在符合集体要求的前提下，有限度地发挥个性？	是	否
你是否能在不违背社会规范的前提下，适当地满足个人要求？	是	否

计分规则：以上各题，每题回答“是”计1分，回答“否”计0分。依据最终得分，查看参考答案中的建议。

结果分析：

（1）如果得分在 3 分及以下，建议你与学校心理老师会谈，减轻心理压力。

（2）如果得分为 4～6 分，说明你常常感到愉悦，并能有效地对付心理压力。

（3）如果得分为 7～10 分，说明你可以在智力、道德等方面最大限度地发挥自己的潜能。

提示：以上测试仅供参考，不必刻意“对号入座”。如果你想对自己做进一步的心理测验和了解，可到学校心理辅导室求助。

活动二　把握幸福魔方

如果没有健康，智慧就难以表现，文化无从施展，力量不能战斗，财富变成废物，知识也无法利用。

——［古希腊］赫拉克利特

课堂引入

王帅的转变

王帅是某中职学校计算机技术专业的学生，自从入学以来，就显得不大合群。下课时，教室里总是热闹非凡，同学们会相互聊天说笑，而王帅则一个人在座位上，要么拿出一本书漫不经心地翻看，要么就干脆趴在桌子上睡觉。班主任看在眼里，急在心里，她觉得王帅不是本地人，可能不太懂得如何与这里的同学交往。班主任不希望王帅孤单地度过自己的职校生活，她决定要帮帮这位面临困境的学生。

与王帅交流之后，班主任帮他报名参加了学校篮球队。篮球队每到周末都会组织队员训练或者比赛。一开始，王帅碍于老师的面子，抱着完成任务的心态参加篮球队的活动。没想到几周之后，他对篮球的兴趣越来越浓厚，不仅球技有了进步，还交到了不少朋友。王帅的心似乎被慢慢打开了，在班里也变得更愿意与同学交流了，原来那个每次下课都不知道该干什么的“傻小子”不见了，班里多了一个爱笑、乐观的小伙子。

想一想：从王帅的转变中，你有什么启发？是否身体健康、没有心理疾病就能过得幸福快乐呢？

截至2021年，我国有超过3500万名就读于中职学校的学生，他们的心理健康问题越来越引起人们的关注。中职学校的学生需要直接面对社会和职业的选择，他们的自我意识、人际交往、求职择业、情感、学习和生活等方面会产生各种各样的心理困扰或问题。2020年，一项中职生心理健康抽样研究显示：有中等水平以上心理问题的学生占12.96%；其中，有中重度心理困扰的男生占男生总人数的8.70%，有中重度心理困扰的女生约占女生总人数的16.13%。

一、中职生常见的心理问题

1. 厌学心理

很多学生在成长过程中所出现的问题与学习活动密切相关。中职生的身心发展也主要是通过学习来实现的，学习心理问题也是中职生最普遍、最突出的心理问题。有的学生学习内驱力不足，没有学习的长期目标，对学习提不起兴趣；没有掌握基本的学习策略，因为不会学而学不好，由学不好到不愿意学，最后发展到厌学、逃学。

2. 人际障碍

调查显示，人际交往问题已成为引起中职生心理障碍的重要因素。许多中职生缺乏独立生活的能力、良好的社交能力和互助合作的精神，导致他们在认识和评价他人的过程中往往带有主观、极端、简单化的倾向，造成人际关系紧张的结果。他们的人际关系主要是与同伴的关系、与父母的关系、与教师的关系。他们人际交往方面的问题表现在以下三个方面。

（1）同伴交往问题

进入青春期后期的中职生有许多心理上的不安和焦躁，他们需要与朋友交流思想，但有些学生却因缺乏交往技能、害怕与异性同学交往等，出现多疑、交往恐惧等问题。

（2）亲子交往问题

处于青春期的中职生与父母的关系发生了微妙的变化，他们在情感上、行为上、观点上都逐渐脱离父母，很多中职生与父母的关系变得紧张。

（3）师生交往问题

教师是中职生接触最多的非血缘关系的成人。学生希望得到教师更多的关注，但有时因缺乏合理的表达方法，会与教师发生冲突，做出过于强烈和不得当的行为。

3. 性格问题

性格是个体对客观现实的稳固态度以及与之相应的习惯化了的行为方式方面的心理特征。当一个人的性格特征经常明显地偏离多数人时，即出现性格问题。中职生表现比较多的性格问题有以下两个方面。

（1）自我意识过于强烈

这样的学生往往遇事只考虑自己，较少考虑别人的需求。一旦自我需求不能得到满足，就表现出强烈的不满和过分的挑衅行为，或者是走向另一个极端，产生过度的消极反应。

（2）依赖心理

具有依赖心理的学生呈现出依赖型人格特征，无论是和家长、教师相处，还是和同学相处，都不敢声明自己的主张，也不敢自己做决定。

4. 情感困惑

中职生恋爱已成为正常而普遍的现象，然而如果处理不好恋爱问题，就会导致情感上的困惑与危机。有些中职生心理不成熟及未接受过科学的性健康教育，导致他们的恋爱观和性道德观都存在误区，表现出自控力弱、行为盲目、不计后果的特征，很容易产生各种情感问题。

5. 消极情绪

在社会和家庭的双重影响和刺激下，中职生的心理压力增大，常常感到身心疲惫，主要表现为下列几种情形。

（1）焦虑

焦虑是指一定的威胁情景对中职生的自尊等心理造成伤害而引起的一种不安的情绪，主要表现为学习焦虑和人际交往焦虑两个方面。

（2）抑郁

抑郁是一种消极情绪。抑郁的学生会感到心情沉重，生活无乐趣，甚至悲观厌世。

（3）愤怒

有些中职生的思维存在片面性和表面性，不够冷静，有时往往会爆发出强烈的愤怒情绪，并伴随过激的行为。如大声吼叫、拍桌子等。

学校和社会应重视和加强心理健康教育在中职学校中的地位，积极开展各项心理疏导活动，为学生的心理健康发展保驾护航。

6. 社会压力

目前，整个社会的市场竞争日趋激烈，一方面，学生的学习、生活节奏日益加快；另一方面，家长对中职生倾注的过大期望值与现实就业状况形成了较大反差，这些都给中职生，特别是基础较差的学生带来了巨大的心理压力。在诸多沉重压力的长期困扰下，许多中职生时常感到精神紧张、心理压抑、身心疲惫。个别学生还因为无法排遣思想压力引发严重的心理疾患。

我们要知道，心理问题是一个中性词，是一种自然现象。每个人都有心理问题，只是程度不同。心理问题的产生源于需要与满足的失衡。

二、心理健康活动课的意义

心理健康活动课是一门助人助己的课程。学习了这门课后，学生在遇到烦恼与困惑的时候，能自己帮助自己。通过及时寻求心理辅导和进行咨询等方式，学生能认识和解决生活中的烦恼，成为一个健康、快乐、幸福的人。

1. 有利于学生的健康成长

中职生正处在心理功能迅速发育成熟的时期，开展心理健康教育，让学生了解和掌握心理健康教育的内容，就是及时有针对性地施以教育，让学生知道什么是健康和不健康的心理状态，学会保持心理健康，促进健康成长。

2. 有利于学习效率的提高

健康的心理对提高学习效率、促进竞赛技能的发挥起着重要的作用。一个心理健康的人处于一种朝气蓬勃、学习有劲头的状态。而一个心理不健康的人，常常心神不宁，思虑过多，不能把精力集中于学习和工作上。这将大大妨碍其创造性才能的发挥。

3. 有利于智力与个性的和谐发展

心理健康对于促进个体的智力与个性的和谐发展，发挥人类的聪明才智以及培养人才具有重要意义。心理健康对于处在智力发展和个性形成时期的中职生尤为重要。学生心理健康，大脑处于最佳状态，就能更好地发挥大脑的功能，这将有利于开发智力，充分发挥自身能力，促进个性的和谐发展。

4. 有利于心理疾病的防治

心理疾病的发生有一个从量变到质变的过程，我们重视学生的心理健康，就要注意防止和消除学生产生心理疾病的各种因素，以避免心理疾病的发生和发展。人大多数的心理疾病是在成长过程中受到各种社会因素的影响而逐渐积累形成的。

如果发现学生有了心理疾病的苗头，应及时采取适当的措施，使它在量变过程中得以终止和消失；如果学生确实患了心理疾病，应尽早给予积极的治疗，使其尽快恢复健康。

课堂思考

我所期待的心理课：

心理健康活动课将帮助你认识自我，提升自我价值，开发自我潜能。在课程开始前，你肯定有许多期待吧！请写下你对课程的期待。

我期待通过心理健康活动课，________________________

____

____

三、心理健康活动课的特点

与传统意义上的学科教学相比较，以活动为主的心理健康活动课有着鲜明的特点，与传统课程的教学方式差异较大。

1. 强调参与和体验

传统的学科课程既具有科学性的社会经验，又具有自然经验，是一种“了解→体验”的课程。心理健康活动课恰恰与之相反，是一种“体验→了解”的课程，这决定了心理健康活动课的教学模式是有别于其他学科的。在心理健康活动课上，教师通过运用多元化的手段与方法，创设一定的情境，营造一定的氛围，将内容逐步呈现到学生面前。而在这一逐步呈现的过程中，学生要积极参与、投入活动，感受问题情境，并从活动中归纳总结；从而悟出道理，感悟生活，从体验中获得对自己成长有意义的东西。

2. 强调自我探索

心理健康教育活动是一种学生自我教育的活动。心理健康活动课传授的是关于自我的知识，是学生进行自我探索、自我感受的过程。心理健康活动课是一门教师和学生一起分享成长过程中的烦恼、困惑、担心的课程。它能为学生带来思考，让学生学会正确处理生活、学习中所遇到的困惑与疑问，有利于学生探索自我、认识自我、调节自我和完善自我。在心理健康活动课上，教师是课堂的组织者和引导者，教师不再对学生进行简单的说教和知识灌输，而是帮助学生发现自己的问题，找到解决问题的办法，从而达到助人助己的目的。

课堂活动

我的课堂契约书

我誓以至诚，从________年____月____日始，全程认真参与心理辅导活动，愿以真挚的情、热诚的心，遵守下列“自我承诺五条款”，若有违背，无条件接受自我检讨。

1. 我绝不____
2. 我愿意____
3. 我能够____
4. 我保证____
5. 我期待____

让我们和同桌彼此击掌，以大笑三声代表自我承诺，以全班鼓掌代表见证自我期许。生命的旅程开始扬帆起航了，在接下来的一个学年中，我们将使用成长型思维模式一起携手，相互支持，相互鼓励，在活动和体验中了解自我，发展自我，破解成长中的难题。你，准备好了吗？

四、心理咨询

1. 心理咨询的内容

心理咨询的内容可分为三个方面。一是帮助正常的、健康的、无明显心理冲突的来访者更好地认识自己，帮助其扬长避短，充分发挥潜能，以提高学习与生活质量。二是心理适应咨询，它针对的是在生活、学习中遇到各种烦恼或有明显的心理矛盾和冲突的来访者。咨询的目的是帮助来访者排除心理困扰，以减轻心理压力，提高适应能力。三是心理障碍咨询，即帮助来访患者治疗某种心理疾病，恢复正常的学习与生活。咨询的目的是通过心理咨询和心理治疗，帮助来访患者克服心理障碍，恢复心理健康。

课堂思考

如果你遇到心理问题，使用成长型思维模式，你会采取哪些求助方法？

____

____

____

____

2. 心理咨询的准备

作为学生，当出现心理困惑需要进行心理咨询时，应做些什么准备？

（1）想好开头说什么

有些同学见到心理辅导老师后情绪波动很大，不知从何说起，浪费很多时间。所以在咨询时，应先想好开场白，用简单的话语切入主题。

（2）把心理辅导老师看作一个特别亲密的朋友

心理问题大多要有情感上的倾诉，这是来访者和心理辅导老师的共同愿望，并且心理辅导老师会对来访者要咨询的问题绝对保密，因此面对心理辅导老师时，应尽可能敞开心扉。

（3）有问必答比拐弯抹角更利于沟通

在咨询时，一些同学会存在种种顾虑。例如，有的同学说到一半，忽然后悔了；有些同学因为怕出丑、害羞等，不肯说出关键所在，这样不利于达到医治心病的目的。

（4）不必过分地关注自我的表现与形象

求助不是求职，心理辅导老师不太会关注来访者的外在表现，而是更注重解决来访者的心理问题。

（5）不要期望心理辅导老师给你决策

对于很多决定性的问题，心理辅导老师不会给来访者一个明确的答复。他们只会给来访者分享一些观点和道理，针对“症结”进行启发、疏导，最后的决定权取决于来访者自己。

（6）不要希望通过一次咨询，就“根治”问题

心理咨询不是“灵丹妙药”，不可能一次就能“药到病除”。

心理指导的目的是加深学生的自我认识，有效地开发学生的潜能、优化人格；或是通过咨询分析学生成长遇到的烦恼，共同找出有效的对策，改善学生的适应能力。

五、如何保持心理健康

心理健康越来越为人们所重视，那么如何保持心理健康呢？

1. 建立足够的自我安全感

安全感是个体的基本需要之一。一个人如果惶惶不可终日，便会很快衰老。而抑郁、焦虑等心理会引起消化系统功能的失调，甚至会导致病变。

2. 充分了解自己，并对自己的能力做出适度的评价

如果勉强去做超出自己能力的工作，就会显得力不从心，于身心大为不利。超负荷的工作甚至会给健康带来危害。

3. 生活理想切合实际

由于社会生产发展水平与物质生活条件有一定限度，如果生活目标定得太高，必然会产生挫折感，不利于身心健康。

4. 不能脱离周围现实环境

个体的精神需要是多层次的。与外界接触，一方面可以丰富精神生活；另一方面可以及时调整自己的行为，以便更好地适应环境。

5. 保持人格的完整与和谐

个体的个性中的能力、兴趣、性格与气质等各种心理特征必须和谐而统一，方能使才能得到最大限度的施展。

6. 善于从经验中学习

现代社会，知识更新很快。为了适应新的形势，我们必须不断学习新的知识，才能在生活和工作中得心应手，少走弯路，获得成功。

7. 保持良好的人际关系

在人际关系中，有正向积极的关系，也有负向消极的关系，而人际关系协调与否，对个体的心理健康有着很大的影响。

8. 适度地表达和控制自己的情绪

人有喜怒哀乐等不同的情绪体验。不愉快的情绪必须释放，以求得心理上的平衡。但不能发泄过头，否则，既会影响自己的生活，又有可能加剧人际矛盾，于身心健康无益。

9. 适当地发挥自己的才能与兴趣爱好

人的才能和兴趣爱好，应充分发挥出来。但前提是，不能损害他人利益和团体利益。否则，会引起人际纠纷，徒增烦恼，无益于身心健康。

10. 心理咨询和心理治疗

如果个人发现已经有了心理问题，就需要到心理咨询机构或心理门诊及时诊治。

小故事

野草莓

有一个人被老虎追赶到悬崖，幸运的是，在跌落的过程中，一丛小灌木接住了他。抬头看，那只老虎在上面虎视眈眈。怎么办？要等老虎离开后再想办法上去吗？突然，一阵“咔咔咔”的声响从脚下传来，他循声望去，只见一只小老鼠正在啃咬他的“救命稻草”——小灌木的根部。

正在这时，旁边一团团鲜艳的红吸引了他，那是一些熟透的野草莓。于是，他伸手摘下几颗野草莓，毫不犹豫地塞进嘴里，不由得发出感叹：“哇，好甜啊！”

在现实生活中，当不幸、危难和压力一齐向你逼近时，你是否还能顾及享受一下野草莓的滋味？具备这种精神的人，也是能在生活或职场高压下坦然生存的人。

心理拓展

常见的心理问题的安全自救

1. 对未来感到困惑迷茫时

（1）要确定自己崇尚什么，厌恶什么，什么事情是有意义的、值得去做的。

（2）要观察客观环境，分析其对自己的限制，从而确定在客观环境的限制中，自己能做些什么事情来实现自我。

2. 为学习成绩差而感到苦恼时

（1）要掌握一门对自己未来就业有帮助的技能，不要把自己的全部希望寄托在学习成绩上。

（2）要以平和的心态对待学习，成绩提高了是你的成功；成绩没有提高，也不值得恐慌。

3. 压力过大时

（1）运用“分解法”，把压力罗列出来，各个击破。

（2）想哭就哭，让情绪抒发出来。

（3）“一读解千愁”，读书可以使人逐渐变得心胸开阔。

4. 面对挫折无所适从时

要积极调整心态，合理规划人生，找出适合自己的目标，坚定信念，去努力实现。

5. 感到自卑时

（1）不要用他人的标准来衡量自己，因为你不是那个人。

（2）在自己身上发现特质、独一、不同性，相信自己有其独特性。

（3）努力去改变自己能改变的，接受自己不能改变的，并不断学习新技能。

（4）培养社会情感，超越个人私利，把自己与社会统一起来，而不是以自我为中心。

趣味测试

我们每个人都有很多心理健康元素，仿佛深山宝藏不为自己所知。表1－3是一张自我评价表，可以帮助你更清楚地发现自己性格中的健康元素。以10分为满分，试着给自己打分。得分越高，说明你的心理健康水平越高；得分越低，说明你需要抓紧时间修炼。你能找出自己身上更多的心理健康元素吗？找到越多的健康元素就越健康。试试看。

表1－3　自我评价表

心理元素	得分	心理元素	得分	心理元素	得分	心理元素	得分
诚实		合群		热情		友善	
整洁		谦虚		稳重		可靠	
助人		乐观		理智		进取	
勇敢		果断		自信		快乐	
好表现		有毅力		有礼貌		有朝气	
独处		谨慎		幽默		负责	

心灵体验

1. 画手掌

五指山的期待

请你拿出一张纸和一支笔，在纸上画出你的左手手掌的轮廓，如图 1－1 所示。请你在每根手指头的位置，画上指纹，然后再用你的右手重复一遍。

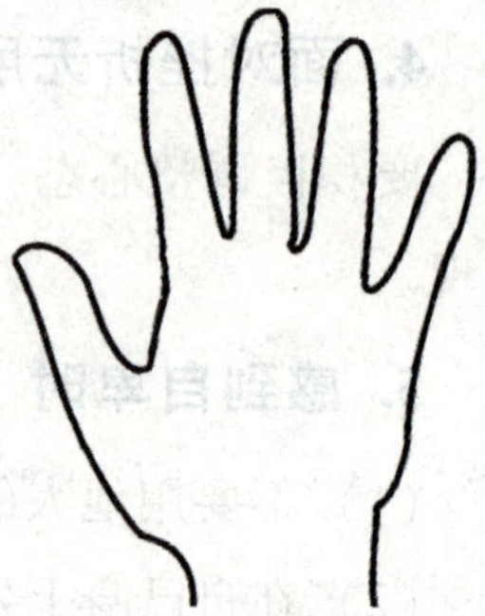

图 1－1　左手掌的轮廓

（1）请你把自己的掌印与其他同学的掌印对比一下，你会有什么发现？你能找到两只掌印一模一样的手掌吗？

____

____

（2）请在所画的每根手指上，填写一个描述自身独特性的词，然后与同学交流和思考每个人的特点。

____

____

2. 观影

观看法国心理电影《放牛班的春天》，体验音乐带给自己的影响，同时写下自己的观后感。

____

____

____

话题二
完善自我　无悔青春

学习目标

知识目标

☆了解中职生自我意识的基本特点。

☆了解认识自我的工具。

☆了解自信心的概念及其形成因素。

☆掌握提高自信心和悦纳自我的方法。

☆熟悉梦想的基本要素。

☆了解实现梦想的方法，如明确目标、制订计划、坚持努力等。

能力目标

☆能了解自己的优点，增强自信心。

☆客观对待自己的不足，增强悦纳自我的能力。

☆提高合理制定目标、不断完善自我的能力。

素质目标

☆客观地认识自己，促使自己健康地成长和全面发展。

☆培养目标意识和追求梦想的意愿。

☆积极参加社会实践和人际交往活动，加深自我认识，提高综合素质。

活动三　认识自我

聪明的人只要能认识自己，便什么都不会失去。

——尼采

课堂引入

玉玉的苦恼

我叫玉玉，是文秘专业的学生。我原来的目标是进高中，无奈中考失利，只能进中等职业学校。本以为可以成为数一数二的人物，谁知……

班级的技能比赛，我输给了同桌；文艺联欢脱口秀轮到我时，我紧张得一句话都说不出口；收完班费，一算账少了五元钱，虽然事后得知五元差错是其他同学所为，但我仍然感到自己很无能；更让我感到痛苦的是，我觉得自己长得偏胖，大家会笑话我；走出校门，我也不敢和其他人有过多的接触，唯恐别人问我是什么学校的；在家中，我也因为表哥和堂妹在高中读书，而觉得自己比他们低了一等。我认为，以我的能力和学历将来是不会有出息的。

我怎么处处不如别人啊？

渐渐地，我觉得自己在同学中一点地位都没有了。

从此，我总是想取悦别人。只要别人提出的意见，即使我有不同想法，也都会附和，不敢说出自己真实的感受。但是我仍然感到同学对我爱搭不理。

"我怎么这么无能？""我到底是谁呀？""我究竟该怎么办呢？"

想一想：你认为玉玉苦恼的根源究竟在哪里呢？

在希腊德尔菲的一座古神庙前，有一块石碑上刻着："认识你自己。"这句话点出了每个人心中都无法回避的命题：认识自己。只有认识自己，才能在人生的地图上找到自己的位置，展示真我风采。在这个世界上，每个人都是独一无二的个体。我们需要用心观察自我、发现自我的独特之处，因为每一个生命的存在都有着特别的意义。

一、中职生自我意识的基本特点

1. 自我意识中的独立意向的发展

进入中职学校后，中职生的独立愿望日趋强烈，但这种独立与初中时的反抗性有所不同，它是建立在与成人和睦相处的基础上的。他们开始能够与成年人保持互相肯定、互相尊重的关系，反抗行为逐渐减少。

2. 自我意识成分的分化

中职生的“理想我”与“现实我”逐渐分化，他们更愿意按照自己的想法去判断和控制自己的言行。他们的想法与言行也常常会有自相矛盾的地方。

3. 自我评价的成熟

中职生能独立客观地评价自我的内心品质、行为动机及效果的一致性等，他们重视个性发展，追求个性完善。

4. 有较强的自尊心

言行受到肯定和赞赏时，中职生会产生强烈的满足感；反之，易产生强烈的挫折感。

二、认识自我的工具

1. 周哈里窗

心理学家鲁夫特与英格汉提出的“周哈里窗（Johari Window）”模式，如图 2－1 所示。“窗”是指一个人的心就像一扇窗。周哈里窗展示了关于自我认知、行为举止和他人对自己的认知之间在有意识或无意识的前提下形成的差异，并由此分割为四个范畴。按照普通窗户的四分法，人的内在分成四个部分：开放我、盲目我、隐藏我、未知我。

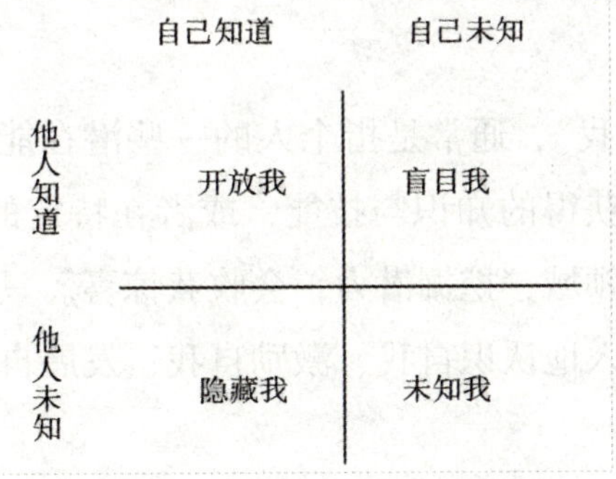

图 2－1 “周哈里窗”模式

打开心灵之窗，让阳光抵达。我们详细地讲解一下，如何开好这些窗户，让自我认识更加深刻。

（1）开放我

开放我，这是自己和别人都了解的部分。比如，我们的性别、外貌、职业、能力、爱好、特长、成就等。“开放我”的大小，取决于自我心灵开放的程度、个性张扬的力度、人际交往的广度、他人的关注度、开放信息的利害关系等。“开放我”是自我最基本的信息，也是了解自我、评价自我的基本依据。

（2）盲目我

盲目我，也称“背脊我”，属于盲目领域。这是自己不知道而别人却知道的部分，可以是一些很突出的心理特征。比如，有人轻易承诺转眼间却忘得干干净净。盲目点可以是一个人的优点或缺点。因为事先不知、不觉，所以当别人告诉自己时，多数人会表现出惊讶、怀疑的态度或辩解。通常善于自我观察、自我反省的人的“盲目我”会比较小。所以，我们要重视他人的回馈，不过于固执，自己拨开迷雾见青天。

（3）隐藏我

隐藏我，也称“隐私我”，属于逃避或隐藏领域。这是自己知道而别人不知道的部分。比如，不愿意或不能让别人知道的事实或心理，如身份、缺点、往事、疾患、痛苦、窃喜、愧疚、尴尬、欲望、意念等，都可能成为“隐藏我”的内容。适度的内敛和自我隐藏是正常的心理需要，因为没有任何隐私的人会缺乏自在感与安全感。但是“隐藏我”太多，“开放我”就太少，这样既压抑了自我，也令周围的人感到压抑，容易导致误解和曲解，成为人际交往的迷雾与障碍，甚至错失机会。勇于探索自我者，不能只停留在“开放我”的层面，还应敢于直面“隐藏我”的秘密和实质。

（4）未知我

未知我，也称“潜在我”，通常是指个人的一些潜在能力或特性。比如，一个人经过训练或学习后，可能获得的知识与技能，或者在特定的机会里展示出来的才干。我们学着尝试一些全新的领域，挖掘潜力，会收获惊喜。只有坚持对“未知我”的探索和开发，才能更全面深入地认识自我、激励自我、发展自我、超越自我。

课堂活动

我的自画像

下面是有关性格、能力、品质的词语，请同学们在“我的自画像”里，填上相应的形容自己性格特征、能力和品质的词语，填写得越多越好。

内向、外向、有恒心、顺从、冲动、浮躁、有谋略、爱争辩、冷漠、有责任感、独立、害羞、有主见、理性、好交际、友善、实际、缺乏想象力、文静、富有想象力、好奇心强、有条理、被动、善解人意、固执、乐观、天真、柔婉、活跃、周到、含蓄、爱冒险、有效率、坦率、自信、拘谨、情绪化、防御心强、爱动脑、善于言辞、内省、爱表现、乐于助人、追根究底、粗鲁、节俭、有野心、慷慨、直觉准确、细心、刚毅、依赖性强、真诚、有说服力、理想主义、孤僻、机智、悲观、沉着、有同情心、保守等。

2. 其他工具简列

(1) 常用的心理测验

人格量表有明尼苏达多项人格调查表、卡氏16种人格因素测验、艾森克人格问卷。症状自陈量表有中学生心理健康诊断测验（MHT）。情绪量表有焦虑自评量表、抑郁自评量表。应激源量表有生活事件量表、社会支持量表、婚姻质量量表。常用智力量表有韦氏智力量表（成人版、儿童版、幼儿版）、比奈智力量表。

(2) 五种特质因素

有心理学家利用统计分析的方法，将人格特质归纳为12或16个向度。近代，有人研究了比较一致的看法，将性格特质进行归类，最终得到五种特质因素，如表2－1所示。

表2－1 五种性格特质的向度对比

特质因素	正向形容词	负向形容词
情绪稳定性（N）	平静 坚强 放松 不情绪化 安全 自我满足	多虑 烦恼 不安全 紧张 多疑 情绪化 忧郁 自卑

（续表）

特质因素	正向形容词	负向形容词
外向性（E）	主动　多话　好社交 健谈　乐观　好玩乐 合群　社会性	胆小　保守　无精打采 冷漠　少活力 冷淡　功利
开放性（O）	兴趣广泛　非传统的 有创造力　创新性 富于想象　好奇	兴趣狭隘　讲实际 非艺术性　习俗化 非分析性
友善性（A）	好心肠　易轻信　心地温和 脾气好　乐于助人 信任人　直率	残忍　粗鲁　报复心重 易怒　不愿合作　好操纵别人 多疑　愤世嫉俗
严谨性（C）	可靠　准时　有条理　有企图心 勤奋　细心　有抱负 自律　整洁　有毅力	懒惰　无目标　意志薄弱 粗心　不可靠　享乐主义 松懈

课堂思考

高一电商01班新转来了一位普通高中的牛同学，他说话幽默风趣，自带热点，每次发言都会引来阵阵笑声。但他的纪律意识不强，不喜欢受班干部管束，开玩笑的时候常常会暴露一些同学的隐私或痛点。慢慢地，牛同学说话的时候，开始遭到一部分同学的抵制和反感。但牛同学依然自我感觉良好，不认为自己的言行存在问题。

思考：如果你是牛同学，会如何进行全面的自我评价？

____

____

小故事

黄美廉，1964年出生于中国台湾。在黄美廉出生时，由于医生的疏失，她的脑部神经受到了严重的伤害，以致她的面部肌肉与四肢肌肉都失去了正常功能。这种病的症状十分吓人，因为肢体失去平衡感，她的手足会时常乱动，嘴里也会经常念叨着模糊不清的词语，模样十分怪异。医生根据黄美廉的情况，判定她活不过6岁。在常人看来，她已失去了语言表达能力与正常的生活能力，更别谈前途与幸福了，但她坚强地活了下来，而且靠着顽强的意志和毅力，考上了美国著名的加州大学，并获得了艺术博士学位。黄美廉靠手中的画笔，还有很好的听力，抒发着自己的情感。1993 年，她被评为中国台湾地区十大杰出青年之一；2010 年，她获得全球热爱生命奖。

在一次演讲会上，一位学生贸然地提问：“黄博士，你从小就长成这个样子，请问你怎么看你自己，你有过怨恨吗？”在场的人都暗暗责怪这个学生的不敬，但黄美廉没有生气，她十分坦然地在黑板上写下这么几行字。“1. 我好可爱；2. 我的腿很长很美；3. 爸爸妈妈那么爱我；4. 我会画画，我会写稿；5. 我有一只可爱的猫……”最后，她以一句话作为结论：“我只看我所有的，不看我所没有的。”

心理拓展

自我宣言

［美］维吉妮亚 · 史代尔

一个 15 岁的女孩曾经问我：“我该怎么做，才能过上充实的生活？”我的答案很简单，只有四个字：“做你自己。”

在这世上，我是独一无二的个体。也许我有些地方与别人相似，但我仍是无人能取代的。我的一言一行都有我自己的个性，因为这是我自己的选择。

我是自己的主人——我的身体，从头到脚；我的脑子，包括情绪思想；我的眼睛，包括看到的一切事物；我的感觉，不管是兴奋快乐，还是失望悲伤；我所说的一字一句，不管是说对还是说错，中听还是逆耳；我的声音，不管是轻柔还是低沉；以及我的所作所为，不管是值得称赞还是有待改善。

我有自己的幻想、美梦、希望以及恐惧。

成功、胜利由我自己创造，失败、挫折由我自己承担。

因为我是自己的主宰，所以我能深刻了解自己。由于我认识自己，所以我能喜欢自己，接纳自己的一切，进而将自己最好的一面呈现出来。

然而人多少会对自己产生疑惑，内心总有一个连自己也无法理解的角落；但只要我多支持和关爱自己，我必定能鼓起勇气和希望，为心中的疑问找到答案，并将更进一步地了解自己。

我必须接受自己的所见所闻、一言一行、所思所想，因为这是我自己真实的感受。之后我可以回头审视这些发自内心的行为，若有不适宜之处，便加以纠正；若有可取之处，则应继续保持。

我身心健全，能自食其力。我愿发挥自身潜能，并关怀他人，为创造一个更美好的世界贡献一份力量。

我能掌握自己，做自己的主宰。

我就是我，世上不会有第二个我。

趣味测试

认识自我造句

请你根据自己的实际情况，很快地完成以下20个句子，以便你更好地了解自己。这些句子都是以“我是__________的人”为结构，请你填上中间的内容。

1. 我是____________________的人。
2. 我是____________________的人。
3. 我是____________________的人。
4. 我是____________________的人。
5. 我是____________________的人。
6. 我是____________________的人。
7. 我是____________________的人。
8. 我是____________________的人。
9. 我是____________________的人。
10. 我是____________________的人。
11. 我是____________________的人。
12. 我是____________________的人。
13. 我是____________________的人。
14. 我是____________________的人。
15. 我是____________________的人。
16. 我是____________________的人。
17. 我是____________________的人。

18. 我是____的人。

19. 我是____的人。

20. 我是____的人。

请你仔细分析自己回答的 20 个句子，做如下归类。

（1）表面性的句子，比如，我是一个学习成绩还不错的人。能反映内心世界的句子，比如，我是一个胆小的人。

（2）正面的评价，比如，我是一个善解人意的人。消极的评价，比如，我是一个无能的人。

有的同学一定觉得写满 20 条太难了，这完全可以理解。因为要从思想上、精神上认识自我，确实非常不容易。

在上面的自我剖析中，抛开外貌、身高等已无法改变的现实，一定还有一些特点是你所不满意并希望不断完善的吧！其实，对“现状”的不满，正是我们不断完善自我的不竭动力。

提示：找出对现状的不满，你就有了努力的方向。许多年后的你，一定比现在更出色、更完美。

活动四　悦纳自我

所谓才能，是相信自己，相信自己的力量。

——高尔基

课堂引入

不自信的大白

在专业理论课上，面对老师的讲解，大白同学听得云里雾里，一知半解。可是，当老师问大家是否掌握的时候，大白却不敢说自己没听懂。课后，大白也不敢去询问老师和同学，因为身边的同学看起来都听懂了，而自己不懂会显得很“傻”。大白还发现，班里很多同学都能说会道、幽默风趣、兴趣广泛，而自己好像一无所长，也没有什么特别好的朋友。于是，大白变得越来越不自信。

想一想：你能感受到大白的不自信吗？在中职课堂中，我们如何从自卑走向自信呢？

自信对于每个人都非常重要，因为从某种意义上而言，它是一切的基础。一个人如果始终自信地面对人生，那么即使是再平凡的人，也能做出惊人的事业；相反，对自己、对人生始终缺乏自信的人即使拥有出众的才干和天赋，也很难成就大事。坚定的自信是成功人生最大的源泉。

一、自信心及其形成

自信心又名自我效能感，最早是由美国心理学家班杜拉于 1977 年提出的。简单而言，自信心是人们对个人能力的自我评估，是人们相信自己能够克服困难，并达成任务目标要求的信念和信心的程度。自信心的形成主要来自以下四个方面。

1. 已拥有的成熟经验

已拥有的成熟经验，是指从个体亲身经历的行为结果或从个体亲身经历的成功与失败的教训中学习到的经验。成功的体验能够强化个体对于能力的自我信念，但如果个体只经历简单的成功，那么他会期待快速的结果，这样很容易因失败而气馁。因此，个体必须有通过坚持不懈的努力克服困难的经验。当个体通过不断地成功确信自己的能力后，他们就可以不受挫折和失败的影响，妥善管理自己的挫折感和失败感。已拥有的成熟经验是自信心最重要、最有效的来源。

2. 替代性经验

替代性经验，是指通过观察他人而获得的经验。通过观察，人们可以获得面对不同情境的、有效的管理策略，同时也能获得一个社会比较的过程，即通过与他人比较来评估自我的能力。人们观察到相似的其他个体的成功，可以增强自信心；而观察到相似的其他个体经过不断努力却依然失败，则会损害自信心。

3. 言语说服

言语说服，是指通过鼓励、评价和反馈来表达对个体能力的信心，提升个体认为他们有能力实现他们所追求的目标的信念。与被质疑相比，得到真实的鼓励能让个体愿意付出更多的努力去实现成功。

4. 生理和情感状态

生理和情感状态，是指由生理和情感状态转移的紧张和压力，会对自我效能感的评估产生影响。提升身体状态、降低压力水平等方式，都可以在一定程度上提升自信心。

课堂思考

你有过自卑吗？你又是如何让自己的内心充满阳光的呢？

______

______

______

______

______

二、增强自信心的方法

1. 体验成功

马克思曾说："哲学家不是天生就是哲学家，农夫也不是天生就是农夫，两者的区别仅在于所经历的不同。"

如何体验成功的感觉呢？

（1）尝试回忆那些让自己成功、自信的时刻，自己是如何做到的，以此增加自信的体验。

（2）多为自己创造成功的机会，不轻言放弃，慢慢积累成功的经验。

课堂活动

脑力大闯关

请同学们拿出一张A4纸，仔细观察这张纸，我们一起来完成一个"不可能的任务"：穿越一张A4纸。规则是利用剪刀和A4纸剪出环状样式，这个环必须是完整无缺的。纸张不能拆分、粘接、打结或者订起来，裁剪后仍要保持为一个整体，要求能整个人穿越过去；并且穿越后，A4纸能还原。只要我们敢于尝试，我们也能打破"不可能"。

你闯关成功了吗？有什么样的感受？

______

______

2. 向他人学习

增强自信心的另一个渠道是，从观察他人中获得学习与成长的经验。通过各种方式观察他人面对困难时是如何应对并获得成功的，这也是成长型思维的体现，把困难和挫折当成自己学习和进步的好机会。

3. 学会积极自我暗示的方法

要学会通过积极的自我暗示语言和自我感觉良好的身体姿势进行自我鼓励、自我肯定和自我暗示（图2－2）。比如，走路的时候挺胸抬头，轻快地走，并告诉自己："我感觉很好，我一定可以。"你会发现你的内心也会发生微妙的变化。你还可以自己创造一些让你自我感觉良好的肢体语言。比如，单手叉腰，另一只手高举向天空，或者两手向两侧平举，双脚打开，让身体呈现"大"字形。研究表明，自信的肢体语言会降低人的压力水平。

4. 记录美好事件

学习感受生活中的小确幸、小美好（图2－3），记录每天有成就感的事，并经常与朋友分享；也可以记录你为了实现自己的目标所做的努力。当你有理由为自己感到自豪时，由内而外散发的自信感就会出现。

图2－2　我很自信

图2－3　生活很美好

5. 学会接受称赞

个体一旦开始自我否定，就很难接受他人的赞美。这种赞美可能是真诚的，也可能只是恭维。最好的回应是真诚的微笑和感谢，同时相信你的一些品质和特征真的很有吸引力。

6. 向他人提供帮助

向身边人提供真诚的帮助，让他们觉得你是可信赖和依靠的，这将帮助你摆脱不安全感和孤独感，增加自我价值感。

7. 不沉迷于社交网络

社交网络在扩大我们朋友圈的同时，也容易让我们过度沉迷其中，从而产生逃避和忽略现实等负面影响。放下手机，和朋友们面对面地聊天，你会感到真实而放松。

课堂活动

我可爱，我能行

找出自己美好的一面，走出自己设置的阴影，你可以采取以下方法。

想想：我的优点________________

学学：我的榜样________________

看看：我的能力________________

数数：已完成的事________________

找找：我的兴趣________________

画画：我的美________________

三、如何悦纳自我

自我悦纳，是指个体能正确评价自己、接受自己，并在此基础上使自我得到良好的发展。悦纳自我包括三个方面。一是接受自己的全部，无论是优点还是缺点，无论是成功还是失败；二是无条件地接受自己，接受自己的程度不以自己是否做错事而改变；三是喜欢自己，肯定自己的价值，且有愉快感和满足感。只有能真正地做到这三点，我们才能真正地认识自我、悦纳自我。

一个人能悦纳自己，并不意味着他的一切都是完美的，而是指，他在接受自己优点的同时，也了解自己的缺点，很坦然地承认了自己的不足。而后，不断克服缺点，注意自我形象塑造，把握自己做人的准则，不断完善自己，更加自信地面对生活，从而走向成功。

悦纳自我是心理健康的表现。当你快乐地接受了自己，你的整个心胸便会舒展和开阔。同时，你会发现，你也更加容易接受他人了。良好的自我悦纳，可以有效地缓解发展中的矛盾冲突，使个体得到健康发展。马斯洛的需要层次理论认为：人有自尊的需要，这是仅次于自我实现需要的第二高层次的需要。自我悦纳即能产生高自尊。

那么，如何做到悦纳自我呢？

（1）要勇敢地接受自己的缺点、不足和缺陷。每个人都有自己不完美的地方，接受自己的不完美，每天给自己一个灿烂的笑脸。

（2）每天想一次自己的优点和长处，并发扬这些优点和长处。

（3）当取得成功的时候，尽情体验自己的喜悦，并与他人分享。

（4）悦纳自我，就是欣然地接受自我。

（5）客观地评价自己。

小故事

展现自信自强 书写动人故事

“曾经不愿意外出，是体育运动让我快乐起来”“体育带给我许多改变，我变得更加自信”“每个人都可以发光发热”……在杭州亚残运会上，残疾人运动员展现了良好的竞技水平和自信自强的精神风貌，书写了打动人心的故事。

10月19日，在中国体育代表团轮椅篮球队的首场小组赛中，队员秦旭磊获得17分，他的精彩表现赢得观众阵阵欢呼和掌声。秦旭磊年幼时因车祸致残，是轮椅篮球让他重拾自信，踏上追梦之路。

接受专业训练后，秦旭磊不断磨砺球技，生活也日益精彩：现场观看中职篮开幕式，与篮球名将同台交流……成长道路上，那些勤奋刻苦的篮球运动员、经验丰富的队友，都是他的良师益友。“在轮椅篮球的陪伴下，我树立了乐观面对生活的信念。希望未来能在更高的舞台上展现球技，实现更大的梦想。”秦旭磊说。

10月25日，在草地掷球女子个人B2金牌赛中，中国体育代表团运动员朱夏丽获得冠军。今年19岁的朱夏丽，患有先天性视力障碍，曾经的她不爱与外界交流。练习草地掷球后，在教练和队友的帮助下，朱夏丽逐渐敞开心扉，变得更加活泼。“我逐渐学会了如何与人相处、与人交流。”她说。

虽然训练很辛苦，但朱夏丽很享受与教练和队友相伴的时光，“我越来越快乐”。

（选自《人民日报》2023年10月26日14版）

心理拓展

喜欢自己

我们都喜欢照镜子，科学家发现女孩子照镜子和男孩子照镜子时的感觉并不一样。男孩子在镜子面前自我欣赏，而女孩子关心的则是从镜子里看看别人眼中的“我”是什么样的。虽然出发点不同，但在关注自己这一点上是共同的。而有的人关注自己，却并不喜欢自己。

那么，喜欢自己是不是很重要呢？答案是肯定的。心理学家告诉我们，除非我们确实喜欢自己，否则我们无法喜欢上别人。怨恨一切事物和每一个人的人，会更加表现出自我的挫折感和深深的自我厌恶感。

心理健康的一个重要标志就是喜欢自己、接纳自己。我们每个人都有自己的优点和长处，也都有自己的弱点和短处。因为我们生活在社会中，所以我们通过完成社会工作（在学生时代主要是学习）的结果来认识自己身上的特长和不足。因此，随着社会化程度的不断提高，我们所得到的信息会越来越多，也逐渐会有一个恰当的、客观的、全面的自我评价，既不会因为自己某方面的能力缺陷而怀疑自己的全部能力，也不会盲目估计自己的能力，忽视弥补自己的不足。

喜欢自己的第一步，就是不再以别人的标准来判断自己，而是建立起自己的价值观。同时必须学会接纳自己，减少不必要的自我责备。

接纳了自我，你会用一种欣赏的眼光去注意你周围的每一个人。你会发现，他们身上有许多可爱和闪光的地方值得你赞美和学习。你不再需要虚假的幻想世界，你选择了踏踏实实的现实，真心和每个人交往。而在你接纳了自己和他人的同时，社会也接纳了你。

——摘自《中学生心理》

欣赏自我

也许你想成为太阳，可你却只是一颗星星；
也许你想成为大树，可你却只是一株小草；
也许你想成为大河，可你却只是一泓山溪；
于是，你很自卑。
很自卑的你必定以为命运在捉弄自己。
其实，人何必这样：
欣赏别人的时候，一切都好；
审视自己的时候，却总是很糟。
和别人一样，你也是一片风景，
也有阳光，也有空气，
所有寒来暑往，
甚至有别人未曾见过的一棵棵春草，
甚至有别人未曾听过的一阵阵虫鸣……

做不了太阳，就做星辰，
——在自己的星座发热发光；
做不了大树，就做小草，
——以自己的绿色装点希望；
做不了伟大，就做实在的自我，
平凡并不可卑，做最好的自己。
不必总是欣赏别人，
也欣赏欣赏自己，
你会发现：
天空一样高远，大地一样广大，
——自己与别人有一样的活法。
走向实现，走向超越，全靠自我！
走向成功，走向辉煌，全靠自我！

趣味测试

我是谁

请你在 A、B、C 的相应位置打“√”。不要以“应当”“愿意”和“能够”等想法去选择，而要选择你的实际想法。最重要的是诚实。

1. 我是个好人。

A. 是的　　B. 不一定　　C. 不是的

2. 我是个慈悲的人。

A. 是的　　B. 不一定　　C. 不是的

3. 我是个慷慨的人。

A. 是的　　B. 不一定　　C. 不是的

4. 我是个可靠的人。

A. 是的　　B. 不一定　　C. 不是的

5. 我是个勤勉的人。

A. 是的　　B. 不一定　　C. 不是的

6. 我是个果断的人。

A. 是的　　B. 不一定　　C. 不是的

7. 我是个真诚的人。

A. 是的　　B. 不一定　　C. 不是的

8. 我是个参与社会事务的人。

A. 是的　　B. 不一定　　C. 不是的

9. 我是个对他人感兴趣的人。

A. 是的　　B. 不一定　　C. 不是的

10. 我是个忠实的人。

A. 是的　　B. 不一定　　C. 不是的

11. 我是个有天资的人。

A. 是的　　B. 不一定　　C. 不是的

12. 我是个比他人优秀的人。

A. 是的　　B. 不一定　　C. 不是的

13. 我是个聪明的人。

A. 是的　　B. 不一定　　C. 不是的

14. 我是个有巨大潜能的人。

A. 是的　　B. 不一定　　C. 不是的

15. 我是个有生活自控力的人。

A. 是的　　B. 不一定　　C. 不是的

16. 我是个漂亮的人。

A. 是的　　B. 不一定　　C. 不是的

17. 我是个可爱的人。

A. 是的　　B. 不一定　　C. 不是的

18. 我是个举止优雅的人。

A. 是的　　B. 不一定　　C. 不是的

19. 我是个领情的人。

A. 是的　　B. 不一定　　C. 不是的

20. 我是个热情的人。

A. 是的　　B. 不一定　　C. 不是的

21. 我是个深沉的人。

A. 是的　　B. 不一定　　C. 不是的

22. 我是个有趣的人。

A. 是的　B. 不一定　C. 不是的

23. 我是个积极的人。

A. 是的　B. 不一定　C. 不是的

24. 我是个始终如一的人。

A. 是的　B. 不一定　C. 不是的

25. 我是个独立的人。

A. 是的　B. 不一定　C. 不是的

26. 我是个对他人重要的人。

A. 是的　B. 不一定　C. 不是的

27. 我是个被需要的人。

A. 是的　B. 不一定　C. 不是的

28. 我是个被许多人爱的人。

A. 是的　B. 不一定　C. 不是的

29. 我是个被许多人拥护的人。

A. 是的　B. 不一定　C. 不是的

30. 我是个许多人需要我爱的人。

A. 是的　B. 不一定　C. 不是的

31. 我是个被许多人敬重的人。

A. 是的　B. 不一定　C. 不是的

32. 我是个看重自我的人。

A. 是的　B. 不一定　C. 不是的

33. 我是个举足轻重的人。

A. 是的　B. 不一定　C. 不是的

34. 我是个给他人带来快乐的人。

A. 是的　B. 不一定　C. 不是的

35. 我是个乐于合作的人。

A. 是的　B. 不一定　C. 不是的

说明：在完成以上问题后，请你统计一下，你选择“是的”“不一定”“不是的”的题目，各有多少；选择“是的”的题目越多，说明你的观念越健康；选择“不一定”的题目越多，说明你的观念处于不确定之中，需要做出相应的调整；选择“不是的”的题目越多，说明你的观念需要改变的方面越多。

提示：以上测试仅供参考，不必刻意“对号入座”。

活动五 完善自我

世界上最快乐的事，莫过于为理想而奋斗。

——苏格拉底

课堂引入

理想与困难并存

秋秋是学前教育专业的学生，她的入学成绩处于中等水平。中考成绩一般的她，怀揣着对大学的梦想，渴望通过三年的拼搏，考入理想的大学。然而真正入学后，她才发现，实现大学梦困难重重。因为各大学对她所学专业的录取要求很高，但录取比率不高。环顾身边的同学，大多数同学的手中握着一大沓艺术特长类证书，而秋秋却在进入中职学校之前根本没有摸过钢琴，也没有进过舞蹈房。

想一想：秋秋还需要继续坚持自己的梦想吗？

在西方，有一句家喻户晓的名言——“每个人都是自己的命运建筑师”。这句话的含义是，要成为什么样的人，拥有怎样的人生，是取决于我们自己的。任何一位中职生都应牢记这句话，并学会为自己的人生添砖加瓦。

梦想，是对未来的一种期望。它是指在现实中计划未来的事或是指未来可以达到但必须通过努力才可以实现的状态。梦想就是一种让你感到坚持就是幸福的东西，甚至可以视其为一种信仰。

美国总统威尔逊曾这样形容梦想：“我们因梦想而伟大，所有的成功者都是大梦想家。在冬夜的火堆旁，在阴天的雨雾中，梦想着未来。有些人让梦想悄然绝灭；有些人则细心培育、维护，直到它安然度过困境，迎来成功和希望。而成功和希望总是降临在那些真心相信梦想一定会成真的人身上。”美国著名主持人奥普拉这样形容梦想：“一个人可以非常清贫、困顿、低微，但是不可以没有梦想。只要梦想存在一天，就可以改变自己的处境。”

梦想是我们熟知的一个词，虽然每个人对梦想的定义和看法不同，但都一致认为梦想是指引一个人向前走的方向和动力。

一、梦想的基本要素

1. 指向性

梦想描述的是未来可能发生的事件，它指引着梦想者向特定的方向前进。

2. 依赖个人经验

梦想必须建立在个人经验的基础上，否则，只能叫不切实际的幻想。

3. 与现实有差距

梦想必须高于现实。梦想是未来可能达到的一种状态，若和现实无差，则毫无意义。

4. 一种动力

梦想就好像一台发动机，可以给我们提供源源不断的动力。

5. 有成就感

实现梦想可以给我们带来莫大的欢喜，即使在大脑中想象，也可以提供成就感。

课堂思考

1. 假如今天是你人生中的最后一天，请写下你最想做的三件事。

2. 假设你今天有特殊情况，必须在三件事中放弃一件，你现在的心情如何？你会放弃哪一件事？

3. 假如现在又有特殊情况发生，你必须再放弃一件事，你的心情又如何？你又会做出怎样的决定？

4. 小组分享：你最后留下的一件事是什么？为什么会做出这样的选择？

小故事

梦想的声音

有一个叫布罗迪的英国教师，在整理阁楼上的旧物时，发现了一沓作文本。作文本上是孩子们在50年前写的作文，题目叫《未来我是……》。

布罗迪随手翻了几个作文本，很快便被孩子们千奇百怪的“自我设计”迷住了。比如，有个叫彼得的小家伙说自己是未来的海军大臣，因为有一次他在海里游泳，喝了三升海水却没被淹死；还有一个孩子说，自己将来必定是法国总统，因为他能背出25个法国城市的名字；最让人称奇的是一个叫戴维的盲童，他认为，将来他肯定是英国内阁大臣，因为英国至今还没有一个盲人进入内阁。总之，31位孩子都在作文中描绘了自己的未来。

布罗迪读着这些作文，突然有一种冲动：何不把这些作文本重新发到他们手中，让他们看看现在的自己是否实现了50年前的梦想。

当地一家报纸得知布罗迪的这个想法后，为他刊登了一则启事。没几天，大量书信便向布罗迪飞来。其中，有商人、学者及政府官员，更多的是没有身份的人……他们都很想知道自己儿时的梦想，并希望得到作文本。布罗迪按地址，把作文本一一寄出。

一年后，布罗迪手里只剩下戴维的作文本没人索要。他想，这人也许不在世上了，毕竟已经过去50年了，50年间什么事都有可能发生。

就在布罗迪准备把作文本送给一家私人收藏馆时，他收到了英国内阁大臣布伦克特的一封信。信中说：“那个叫戴维的人就是我，感谢您还为我保存着儿时的梦想。不过，我已不需要那本子了。因为从那时起，那个梦想就一直在我脑子里，从未消失过。50年过去了，我已经实现了那个梦想。今天，我想通过这封信告诉其他30位同学：‘年轻时，只要不让美丽的梦想随岁月飘逝，它总有一天会出现在你眼前。’”

二、实现梦想的方法

1. 建立明确的目标

建立一个明确的目标，是实现梦想的基础。一个懂得为自己制定目标的中职生，并不亚于普通高中的学生甚至大学生。

课堂活动

写出你的目标宝塔

目标有远近之分。如果我们把一个人的日常计划作为塔底，把人生的总目标看作塔顶，将中间层次的阶段性目标相连，就构成了每个人的目标宝塔（图 2 -4）。

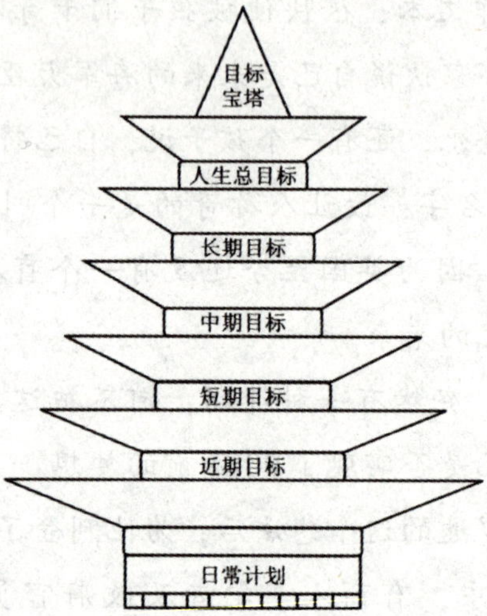

图 2 -4　目标宝塔

最高层：人生总目标（你的最高理想）。

你的人生总目标是____________________

五层：长期目标（10 年）。

你的长期目标是____________________

四层：中期目标（5 ~ 10 年）。

你的中期目标是____________________

三层：短期目标（1 ~ 5 年）。

你的短期目标是____________________

二层：近期目标（每半年、每 3 个月）。

你的近期目标是____________________

底层：日常计划（每周、每天）。

你的日常计划是____________________

提示：找两位同学讨论一下，看看他们的目标对你有何启发。

2. 不断地学习

社会发展至今，各种信息和知识铺天盖地。只有不断提升自己的认知，与时代同步，做到与时俱进，才能为梦想的实现保驾护航。

3. 制订计划

实现梦想的过程中，可以制订一个大的计划，然后将其分解为中计划，再将计划细化，落实到每一天的小计划。这样不断完成一个个小计划，离实现梦想就越来越近了。

4. 坚持不懈

如果三天打鱼，两天晒网，再完美的计划也不可能实现，再远大的目标也遥遥无期，梦想就只能变成空想。

完善自我并不是一帆风顺的过程，要珍惜已有的自我，追求更好更高的自我，做一个自如的、独特的、最好的自己。

小故事

帕瓦罗蒂的成功秘诀

有人曾向世界歌坛巨星卢卡诺·帕瓦罗蒂讨教成功秘诀，帕瓦罗蒂提到了自己问父亲的一句话。

在师范院校毕业时，痴迷于音乐并相当有音乐素养的帕瓦罗蒂问父亲："我是当教师呢，还是做歌唱家？"父亲告诉他："如果你想同时坐在两把椅子上，你可能会从椅子中间掉下去。生活要求你只能选一把椅子坐上去。"

帕瓦罗蒂选了一把"椅子"——做个歌唱家。经过7年的努力，帕瓦罗蒂才首次登台亮相。又过了7年，他终于登上了大都会歌剧院的舞台。

心理拓展

让我们找回自己，保持本色

道格拉斯·马罗奇

如果你不能成为山顶的一株松，
就做一丛小树生长在山谷中，
但须是溪边最好的一小丛；

如果你不能成为一棵大树，就做灌木一丛；
如果你不能成为一丛灌木，就做一片绿草，
让公路上也有几分欢娱；
如果你不能成为一只麝香鹿，就做一条鲈鱼，
但须做湖里最好的一条鱼。
我们不能都做船长，我们得做海员；
世上的事情，多得做不完；
工作有大的也有小的，
我们该做的工作就在你的手边；
如果你不能做一条公路，就做一条小径；
如果你不能做太阳，就做一颗星星；
不能凭大小来断定你的输赢，
不论你做什么都要做得最好。

——引自《我与成功有个约会》

趣味测试

积极人格品质调查

请你仔细阅读下面各题（表 2 - 2），在符合自己情况的数字上打“√”。“1”表示从来没有，“2”表示绝大多数时间没有，“3”表示多半时间没有，“4”表示半数时间有，“5”表示多半时间有，“6”表示绝大多数时间有，“7”表示所有时间都有。每一条只能选择一个数字。

表 2 - 2　积极人格品质调查

序号	积极人格品质	从来没有	绝大多数时间没有	多半时间没有	半数时间有	多半时间有	绝大多数时间有	所有时间都有
1	创造性或灵活性	1	2	3	4	5	6	7
2	好奇心或兴趣	1	2	3	4	5	6	7
3	开放、虚心	1	2	3	4	5	6	7
4	爱学习	1	2	3	4	5	6	7

（续表）

序号	积极人格品质	从来没有	绝大多数时间没有	多半时间没有	半数时间有	多半时间有	绝大多数时间有	所有时间都有
5	远见或智慧	1	2	3	4	5	6	7
6	勇敢和勇气	1	2	3	4	5	6	7
7	坚定不移和持之以恒、勤奋、刻苦	1	2	3	4	5	6	7
8	诚实或真诚	1	2	3	4	5	6	7
9	热情或激情	1	2	3	4	5	6	7
10	爱或依恋	1	2	3	4	5	6	7
11	仁慈或慷慨	1	2	3	4	5	6	7
12	社会智力或社交技巧	1	2	3	4	5	6	7
13	忠诚和协作	1	2	3	4	5	6	7
14	公平、正直	1	2	3	4	5	6	7
15	领导能力	1	2	3	4	5	6	7
16	宽恕或仁慈	1	2	3	4	5	6	7
17	谦虚	1	2	3	4	5	6	7
18	谨慎、判断力	1	2	3	4	5	6	7
19	自制或自我调节	1	2	3	4	5	6	7
20	对美的欣赏或敬慕	1	2	3	4	5	6	7
21	感恩	1	2	3	4	5	6	7
22	希望或乐观	1	2	3	4	5	6	7
23	有趣或幽默	1	2	3	4	5	6	7
24	信念或精神	1	2	3	4	5	6	7

1. 在上面这份问卷中，你排在前五项的积极人格品质是哪些？请按照先后顺序填写序号。

(1) ____________________

(2) ____________________

(3) ____________________

(4) ____________________

(5) ____________________

2. 在今后的学习、工作和生活中，你打算怎样善用你的优点？

____

____

心灵体验

1. 认识我的初体验

找到你的一位伙伴，用一分钟的时间向对方介绍自己，体会一下，你有什么感觉。

我最喜欢的事：______________________________

我最讨厌的事：______________________________。

对现在的生活，我感觉：______________________________。

我大部分时候的心情：______________________________。

因为______________________________我会很幸福。

因为______________________________我会很不安。

我喜欢自己，因为______________________________。

我觉得大多数人对我的评价是______________________________。

2. 制作专属标签

用"我是"开头，凭直觉尽可能多地完成自我陈述，制作你的专属标签。

我是________________。我是________________。

我是________________。我是________________。

我是________________。我是________________。

我是________________。我是________________。

试着根据以下条件，对你的自我陈述进行分类和评估，看看你的自我评价更多地集中在哪些领域。

A. 身体状况（　　）项　　B. 情绪状况（　　）项

C. 才智状况（　　）项　　D. 社会关系（　　）项

3. 我的"周哈里窗"

邀请家人、同学和身边熟悉你的人一起探索，观察一下，我们对自己的认识与他人对我们的反馈有什么异同点，分别填入表 2 - 3 中适当的位置，并与大家分享你的看法。

表 2－3　我的"周哈里窗"

项目	自己知道	自己未知
他人知道		
他人未知		

4. 心灵幻游

指导语：轻轻地吸气，慢慢地吐气，把身体调整到舒服的状态，让你的脊柱、腰椎、颈椎都处在一条直线上，双手自然地放在大腿上。接着，把注意力集中到呼吸上，感受你的呼吸，试着去感觉你的心跳，感受你的内心；然后，把注意力集中到你的呼吸上，轻轻地吸气，慢慢地吐气。

现在请你闭上眼睛，让我们一起坐在时光隧道机上，来到10年后的世界。请算一算，此时的你是多少岁？容貌有变化吗？请你尽量想象具体的情形，越仔细越好。

想象此刻的你正躺在卧室的床上，这时候是清晨。和往常一样，你从睡梦中醒来，先看到的是卧室的天花板，它是什么颜色？

接着，你准备下床，尝试去感觉你的脚指头接触地面那一刹那的温度，是凉凉的还是暖暖的？经过一番梳洗，你来到衣柜前，准备换衣服。今天你要穿什么样的衣服？穿好衣服后，你照一照镜子。随后，你来到了餐厅，早餐吃的是什么？一起用餐的有谁？你跟他们说了什么话？

接下来，你关上家里的大门，准备前往工作的地点。这时，你回头看一下你的家，它是一栋什么样的房子？然后，你将搭乘什么样的交通工具去上班？

你快到达工作地点了，首先观察一下，这个地方看起来如何？当你进入办公室时，你跟同事打招呼时，他们怎么称呼你？你还注意到哪些人出现在这里？他们正在做什么？

你在你的办公桌前坐下，安排一下今天的工作，然后开始上午的工作。早上的工作内容是什么？跟哪些人一起工作？工作时用到哪些东西？

上午的工作结束了，你的午餐如何解决？吃的是什么？跟谁一起吃？午餐还愉快吗？

接下来是下午的工作，跟上午的工作相比，下午的工作内容有什么不同吗？你在忙些什么？

快到下班时间了，或者你没有固定的下班时间，但你即将结束一天的工作。下班后，你直接回家吗？或者要先办点什么事？还是要参加一些其他活动？

你到家了，家里有哪些人呢？回家后，你都做些什么事？晚餐时间到了，你会在哪里用餐？跟谁一起用餐？吃的是什么？晚餐后，你做了些什么事？跟谁在一起？

睡觉前，你正在计划明天参加一个典礼，那是一个颁奖典礼，你将接受一项颁奖。想想看，那会是一个什么样的奖项？谁会给你颁奖？如果你将发表获奖感言，你打算说些什么？

是该休息的时候了，躺在床上，你回忆一下今天的工作与生活。今天过得愉快吗？是不是要许个愿？许什么样的愿望？

渐渐地，你满足地进入梦乡。一分钟后，我会叫醒你……（一分钟后）我们渐渐地回到这里，还记得吗？你现在的位置不是在床上，而是坐在教室的椅子上。当我数到10，你就会醒过来，1，2，3，你慢慢地醒过来，动一动手；4，5，6，摇一摇头；7，8，9，10，你睁开眼睛，安静地坐着。

在刚才的冥想过程中，你看见了什么，有什么感受呢？无论是看见具体的场景，还是只是一片空白，都是正常的。

请你和小组里的同伴们探讨以下几个问题。

你在幻游中看到了什么样的场景？遇到了什么有趣的人或事？当你看到这样的场景时，你内心有什么样的感受？如果什么都没有看见，你的想法是什么？

____

____

话题三

接纳情绪　滋养心灵

学习目标

知识目标

☆了解情绪的功能。

☆理解情绪的概念和状态。

☆掌握情绪的外部表现。

☆了解健康情绪的标准。

☆理解情绪管理的意义。

☆理解情绪 ABC 理论的概念和实际应用。

能力目标

☆能觉察自己的情绪。

☆学会接纳自己的情绪，提高正确处理负面情绪的能力。

☆能运用情绪 ABC 理论管理自己的情绪。

素质目标

☆培养正确的情绪态度和情感价值观。

☆培养良好的情绪调节和表达能力。

☆提高情绪管理策略的灵活性和多样性。

活动六　多彩情绪世界

世界如一面镜子：你皱眉视之，它也皱眉看你；你笑着对它，它也笑着看你。

——塞缪尔

课堂引入

小鱼的情绪气象图

一大早起床——没睡醒，烦躁。

在去学校的车上——拥挤、争吵，很反感。

在学校——听到老师不停地大声唠叨，很讨厌。

上课了——长时间地发呆，无聊。

中午及放学回家——与同学在一起说说笑笑，感到快乐。

回到家里——打开计算机听着音乐，躺在床上看看书，感觉很平静。

晚饭时——一家人吃饭，聊天，很和睦，感觉很高兴。

晚上——一个人在房里，回忆起过去，有些感伤。

小鱼自白：最近总感到比较烦、比较懒散，情绪气象是一会儿晴，一会儿阴，做什么都提不起劲。

小鱼的情绪气象图：无聊 40%，平静 20%，快乐 15%，感伤 5%，反感 5%，烦躁 5%，愤怒 5%，抑郁 5%。

将小鱼的情绪气象写成晴天、雨天、多云，分别在"情绪气象图"上显示。

看来，小鱼一天的情绪是雨多于晴，心情很不爽！

想一想：今天你的情绪气象图是怎样的呢？请为你的"情绪气象图"填上气象标志，看看是晴天多，还是雨天多。

情绪，是个体各种感觉、思想和行为的一种综合的心理和生理状态，是对外界刺激所产生的心理反应，以及附带的生理反应，如喜、怒、哀、乐等。情绪是个体的主观体验和感受，常和心情、气质、性格及性情有关。

一、情绪的功能

1. 适应功能

情绪是有机体适应生存和发展的一种重要方式，情绪也是人类早期赖以生存的手段。例如，原始人通过愤怒情绪吓退敌人；婴儿感觉到饿了或者身体不适时就会哭，以此来寻求关注。

2. 动机功能

情绪是动机的源泉之一，是动机系统的一个基本成分。它能激励个体的活动，提高个体的活动效率。

3. 组织功能

情绪是心理过程的检测者和心理活动的组织者。情绪的作用具体表现为：积极、正面的情绪，对其他活动有协调、促进作用；消极、负面的情绪，对其他活动起破坏、阻碍作用。

4. 信号功能

情绪使个体对环境的认识、态度和观点更具有表现力，它在人际交往中往往起传递信息的信号作用。例如，微笑表示赞许或鼓励，点头表示默许或满意。

课堂活动

游戏规则

1. 所有同学都蹲下，扮演鸡蛋。

2. 同学之间相互找同伴猜拳（石头、剪刀、布），获胜者进化为小鸡，可以站起来。

3. 然后小鸡和小鸡猜拳，获胜者进化为凤凰，输者则退化为鸡蛋。

4. 继续游戏，看看谁是最后一个变成凤凰的。

鸡蛋左右摆脑袋，嘴里说“呜呜呜”；小鸡前后摆脑袋，嘴里说“鸡鸡鸡”；凤凰双手做展翅动作。

提问：在PK时，当你赢了对手是什么体验？当你输了又是什么体验？整个活动进行下来，你的心情如何？

____

____

二、情绪的定义和状态

1. 情绪的定义

情绪是个体对客观事物的态度体验及相应的行为反应。个体的愿望和需要是个体的情绪产生的根源和基础。当客观事物或情境能够满足个体的需要和愿望时，个体就会产生积极的、肯定的情绪。当客观事物或情境不能满足个体的需要和愿望时，个体就会产生消极的、否定的情绪。

2. 情绪的状态

情绪状态是指在某种事件或情境的影响下，个体的情绪在一定时间内所呈现的某种状态，主要有心境、激情和应激等三种。

（1）心境

心境是指个体比较平静而持久的情绪状态。心境对个体的生活、工作、学习和健康有很大的影响。积极向上、乐观豁达的心境，可以提高个体的活动效率，增强个体的信心，使人对未来充满希望，有益于健康；消极悲观的心境会降低个体的认知活动效率，使个体丧失信心和希望，有损于健康。

（2）激情

激情是一种强烈的、爆发性的、为时短促的情绪状态。这种情绪状态通常是由对个体有重大意义的事件引起的。例如，重大成功之后的狂喜（如获得奥运会冠军）、惨遭失败后的绝望（如创业失败）、亲人突然死亡引起的极度悲伤、突如其来的危险所带来的异常恐惧等，都是激情状态。

（3）应激

应激是指个体对某种意外的环境刺激所做出的适应性反应。例如，当个体遇到某种意外危险或面临某种突发事件时，他们必须集中自己的智慧和经验，动员自己的全部力量，迅速做出选择，采取有效行动。此时，个体的身心处于高度紧张的状态，这种状态即为应激状态。

课堂活动

请判断以下说法是否正确，并说明理由。

1. 愤怒的情绪可以毫无顾忌地宣泄。

你的答案及理由：______________________________

2. 付出努力才能享受快乐。

你的答案及理由：______________________________

3. 悲哀时的哭泣比不流泪的悲哀对人的身心健康更有好处。

你的答案及理由：______________________________

4. 听音乐是缓解不良情绪的方法之一。

你的答案及理由：________________________________

5. 人们通常通过表情来表现自己的情绪。

你的答案及理由：________________________________

判断提示

1. 答案：否。愤怒时，个体通常会出现攻击、冲动等不可控制的行为表现，对自己和他人都会有不利影响。因此，愤怒情绪需要合理宣泄。

2. 答案：是。付出是一种快乐，我们享受其中。懂得付出的人是最懂爱的人，是最幸福的人，也是离成功最近的人。

3. 答案：是。在适当的场合哭泣，可以对悲哀情绪起到缓解作用，有益于身心健康。

4. 答案：是。音乐能改善人的心理，使人产生兴奋、镇定和平衡的状态；可以消除人的紧张感，促进大脑更有序地工作。

5. 答案：是。表情是情绪的外显形式。人们通过表情反映自己的意愿，也通过对他人表情的观察，了解周围人的态度和想法。

三、情绪的外部表现

表情是情绪的外部表现。它是在情绪发生时身体各部分的动作的量化形式，包括面部表情、姿态表情和语调表情。

面部表情是所有面部肌肉变化所组成的模式，能精细地表达不同性质的情绪，是鉴别情绪的主要标志。人的眼睛是最善于传情的，不同的眼神可以表达人的各种不同的情绪。

姿态表情是指面部表情以外的身体其他部分的表情动作，包括手势、身体姿势等。个体在不同的情绪状态下，身体姿势会发生不同的变化。如高兴时会捧腹大笑，紧张时会坐立不安，等等。手势经常和语言一起使用。如手舞足蹈等手势，表达的是高兴的情绪。

语调表情是通过言语的声调、节奏和速度等方面的变化来表达的。如朗朗笑声表达了愉快的情绪，而呻吟声表达了痛苦的情绪。

四、健康情绪的标准

要调控自己的情绪，首先要了解什么样的情绪是健康的。情绪是否健康，应从情绪的形成原因、作用时间、长期稳定状况、心情状况等方面来衡量。

1. 情绪有适当的形成原因

一定的事物引起相应的情绪，是情绪健康的标志之一。情绪是由各种不同的原因引起的。如高兴是因为有喜事，悲哀是遇到了不愉快或不幸的事件。

2. 情绪的作用时间随客观情况的变化而变化

当引起情绪的因素消失之后，个体的情绪反应也逐渐消失。例如，有的同学因上课迟到被老师严厉批评时，会感到愤怒和委屈，但事情过后他会慢慢地调节过来。如果长期处于生气、难受、不能自拔的情绪状态，就是情绪不健康的表现。

3. 情绪持续稳定

情绪稳定表明个体的中枢神经系统活动处于相对平衡的状态，反映了中枢神经系统活动的协调。如果一个人情绪不稳定，喜怒无常，这也是情绪不健康的表现。

4. 心情愉悦

心情愉悦是情绪健康的重要标志，愉悦表示个体的身心活动是和谐与满意的，以及个体的身心处于积极健康的状态。一个人经常情绪低落，总是愁眉苦脸、心情苦闷，则可能是心理不健康的表现，要注意自我调节。

五、情绪的自我觉察

课堂思考

1. 觉察自己一天的情绪，回答下列问题。

(1) 今天从起床到现在，你都产生过哪些情绪？

______

(2) 选择其中最强烈的一种情绪，想一想它是怎样产生的。

______

(3) 产生这种情绪后，你做了什么、说了什么，你的行为产生了什么结果？

______

(4) 最后，这个结果是建设性的还是破坏性的？(有何启示？)

______

2. 快乐的真谛是什么？(结合自己的切身体验)

______

______

无论是积极情绪还是消极情绪，都有其自身的作用。无论如何，情绪都是我们切身的体验和感受，我们都需要接纳。在接纳情绪的基础上，如果是积极情绪，我们可体验其带来的积极影响；如果是消极情绪，那么它就是在提醒我们该调整自己的状态了。我们需要分析是什么事情导致了消极情绪，然后适当调节和改变这种情绪。

小故事

寻找快乐的年轻人

一群年轻人到处寻找快乐，但是遇到许多烦恼、忧愁和痛苦。于是，他们询问老师苏格拉底："快乐到底在哪里？"

苏格拉底说："你们还是先帮我造一条船吧！"

年轻人们暂时把寻找快乐的事儿放到一边，找来造船的工具，用了四十九天，锯倒了一棵又高又大的树，挖空树心，制成了一条独木船。

把独木船搬下水后，年轻人们把老师请上船，一边合力荡桨，一边齐声唱起歌。苏格拉底问："孩子们，你们快乐吗？"

年轻人齐声回答："快乐极了。"苏格拉底道："快乐就是这样，它往往在你忙于做事情时突然来访。"

心理拓展

1. 情绪词汇库（包含 24 种基础正面情绪和 48 种基础负面情绪）

狂妄　委屈　孤独　平静　满足　疲惫　震惊　思恋　惊讶　无聊　愉悦
忧郁　欢欣　自信　仇恨　恐惧　内疚　惭愧　暴躁　无力　镇定　伤心
丢脸　坚决　受伤　崩溃　快乐　感激　生气　警惕　沉着　轻蔑　平和
发愁　沮丧　紧张　惊喜　舒适　担忧　难过　困窘　怀疑　厌恶　羡慕
好玩　无奈　害羞　矛盾　亏心　钟情　心烦　抓狂　兴奋　嫉妒　焦虑
幸福　期待　歉疚　愤怒　解脱　得意　安全　痛苦　自卑　悲痛　憧憬
憔悴　失落　疑惑　反感　被拒绝　不知所措

2. 情绪电影推荐——《头脑特工队》

趣味测试

测测你的脾气

下面有7种不同的情境，每一种情境都有5种不同的反应和处置态度。请你仔细阅读每一种情境下的5种反应类型，根据自己的实际情况做出选择。

1. 假如你和家人约好坐火车去外地旅行，约定的时间已经到了，可其中一人还未准备好行李，你会有怎样的反应？

A. 我会怪他不顾大家的约定，并且对他说："你真让我们扫兴。"

B. 我会默不作声并帮他整理行李。

C. 我会顺其自然，希望赶得上火车。

D. 我会说："迟一点，总比失约好。"

E. 我会说："你总是这样，我们要先走了，你随后自己来吧。"

2. 假如你到一家商店买东西，店内的售货员对你不理不睬，却热情招待后面来的顾客，你将会怎样做？

A. 我会对他说："我是先来的，请你先招待我。"

B. 我会静静地站在一边，等售货员自己来招呼我。

C. 我会觉得焦虑不堪，会另外再找一名售货员。

D. 我会将现场情形报告给商店经理。

E. 我要设法让售货员知道，我在等待他招呼我。

3. 如果有一天晚上，你家有客人光临，你的小弟弟却迟迟不愿去睡觉，你打算怎么办？

A. 我会强行（如打骂）让他去睡觉。

B. 我会责怪他，并拿走他的糖果，或他喜欢的东西以示惩罚。

C. 我会详细向他解释赶快去睡觉的原因。

D. 我会尽量用温和的方法催促他去睡觉。

E. 我虽然内心焦急，却不露声色。

4. 假如你在驾车，有一辆汽车抢在你的前面，几乎要和你相撞，你打算怎么办？

A. 我会避让，然后平静地继续开车。

B. 我会大声吼他："你急什么？"虽然我明知他未必听得见我的话。

C. 我会让自己被扰乱的情绪平静下来。

D. 我会一路按着喇叭跟着他的车走。

E. 我会对车内的同伴说："这种无赖真让我发火。"

5. 假如你在一家高级饭店宴客，却发现菜的质量糟糕透了，招待也不周到，你会怎样做？

A. 我会风趣地对我的客人说："今晚这家饭店大概要休息，不想做生意了。"

B. 我会向友人道歉。

C. 我会很不客气地警告饭店管理人员。

D. 为表示我的不满意，我不给小费，或给得很少。

E. 我会找经理理论，并要求给我一个满意的答复。

6. 假如你的邻居在深夜仍把收音机的音量开得很大，影响了你的睡眠，你会怎样做？

A. 我会觉得很愤怒，但不准备有任何举动。

B. 我会打电话给邻居，请他顾及别人，将音量调低。

C. 我会安慰自己忍受下去，并希望能听到自己喜欢的音乐。

D. 我会过去对邻居吼道："关掉你的收音机。"

E. 我会设法让自己睡觉，要不就起床看看书。

7. 假如朋友已经很了解你对一件事情的意见，有一天他来你家聊天时却反对你的意见，你会怎样做？

A. 我会尽量避免与他争辩，让他去发表自己的意见。

B. 我会感到不服气，一定要和他辩论个水落石出。

C. 我会原谅他，不和他计较，并且敷衍他。

D. 我会向他说："你的意见也是不合理的。"

E. 我虽然会觉得无趣，但决不把我的感觉表达出来。

计分标准：

请你对照表3－1，找出每一题相应的得分，然后把得分加起来。总分对应的分值区间，便能反映你的脾气急躁或温和的程度。

表3－1　计分表

题号 选项	1	2	3	4	5	6	7
A	2	3	1	5	5	2	5

（续表）

题号 选项	1	2	3	4	5	6	7
B	4	5	2	1	4	3	2
C	2	3	1	5	5	2	5
D	3	1	4	2	3	1	1
E	2	3	1	5	5	2	5

结果分析：

总分若在18分以下，脾气急躁；若在19～28分，则脾气较为正常；若在29分以上，脾气缓和温顺。

提示：本测试仅供参考。

活动七　为好心情做主

人不是因为快乐才笑，而是因为笑了才快乐。活得快乐的是那些懂得笑口常开的人。

——心理学家威廉·詹姆斯

课堂引入

情绪失控引发打架

小风是某职业中学一年级的学生，由于擅长长跑，刚入学不久，便被挑选出来加入学校长跑训练队。每天下午自习课时，他都会准时到操场训练。

这天也不例外。然而，专心致志训练的他，没有看到从对面走来的高二学生小刚，一头撞到了他身上。小风还没来得及道歉就听到了小刚的骂声，便怒气冲冲地骂了回去。小刚毫不示弱，举起拳头向小风打了过去，小风也控制不住自己的情绪了，两人打了起来。

想一想：你觉得这起打架发生的根本原因是什么？应该如何避免这类事情的发生？

快乐，是个满世界讨人喜欢的甜蜜精灵。追求快乐，是人类与生俱来的天性与原始本能。我们喜欢快乐地生活。真正的快乐天堂，就在我们自己的心中。

一、情绪管理的意义

情绪管理是指通过对自己情绪的觉察和调节以实现对自身情绪的把握的能力。情绪管理是为了让情绪得到适度的表达，以培养驾驭情绪的能力，确保个体和群体保持良好的情绪状态。管理好我们的情绪，有利于我们的身心健康。当积极情绪多于消极情绪时，我们会感受到生活的美好。

课堂活动

抓“快乐”

小组内的同学围成一个圈，每位同学的左手伸出食指，右手伸出手掌，掌心向下；把左手食指放到左边同学的掌心下，右手手掌盖住右边同学的食指。大家听老师读一篇文章《感悟快乐》，当听到“快乐”两个字时，请同学们一边用右手迅速地去抓旁边同学的食指，一边让自己的食指迅速逃跑；每抓完一次后，要迅速恢复原样。

全班同学分组参与活动，分享活动后的感受：抓住“快乐”是什么感受？没有抓住是什么感受？被人抓住是什么感受？顺利逃脱是什么感受？

____

____

二、情绪 ABC 理论的概念

情绪 ABC 理论由美国心理学家阿尔伯特·埃利斯在20世纪50年代首创，其认为 A（Activating events 的第一个英文单词的首字母）代表诱发事件，B（Beliefs 的首字母）代表信念，指人对 A 的信念、认知、评价和看法，C（Consequence 的首字母）代表情绪和行为后果，如图 3－1 所示。

埃利斯认为，诱发事件 A 只是引发情绪和行为后果 C 的间接原因，而引起 C 的直接原因则是个体对诱发事件 A 的认知和评价而产生的信念 B。同样的诱发事件 A 发生在不同的人身上，会引起不同的行为后果 C，主要是因为他们的信念 B 有差别，即人们对事物的看法不同，会引起行为和情绪的不同。

人们可以通过将消极的想法转变为积极的想法的方法，来使消极情绪转变为积极情绪。

图 3－1　情绪 ABC 理论

课堂活动

分析自己的情绪

根据自己的实际经历填写表 3－2，运用 ABC 理论分析自己的情绪，让好心情亮起来。

表 3－2　情绪分析表

事件	扭曲的"眼镜"	消极的情绪	换副新"眼镜"	积极的情绪

课堂思考

观察图 3－2，回答问题。

1. 同样面对半杯水，他们分别产生了怎样的情绪反应？

____

____

2. 同样面对半杯水，他们为何会产生那么截然不同的情绪反应呢？

____

____

3. 同样面对半杯水，他们是先产生情绪，还是先产生想法？

____

图 3－2　半杯水

三、情绪 ABC 理论的实际应用

情绪 ABC 理论告诉我们，当产生负面情绪时，我们可以通过改变想法来转移负面情绪。请每位同学填写《移“情”别“恋”情绪转化单》，并在小组内分享自己的转化成果，最后各组派代表分享观点。

移“情”别“恋”情绪转化单

事件（A）：____________________

感受（C）：____________________

为你产生过的最强烈的负面情绪从 0 到 10 进行打分。分数越高，表明负面情绪越强烈。

0 1 2 3 4 5 6 7 8 9 10（直接用笔在上面画圈即可）

虽然：____________________

但是：____________________

有可能（B）：____________________

当你转变想法之后，再对此情绪程度从 0 到 10 进行打分。

0 1 2 3 4 5 6 7 8 9 10（直接用笔在上面画圈即可）

小组互助

请组内同学帮你想还有哪些“有可能”。当你转变想法之后，再对此情绪程度从 0 到 10 进行打分，最后找出最有效的那个“有可能”。

有可能：____________________

0 1 2 3 4 5 6 7 8 9 10（直接用笔在上面画圈即可）

有可能：____________________

0 1 2 3 4 5 6 7 8 9 10（直接用笔在上面画圈即可）

有可能：____________________

0 1 2 3 4 5 6 7 8 9 10（直接用笔在上面画图即可）

四、情绪知识拓展——情绪感染

大多数研究者认为，情绪感染是由他人情绪引起的并与他人情绪相匹配的情绪体验，是一种情绪传递的过程。在日常生活中，情绪感染的情况真是数不胜数。例如，小军正坐在课桌旁闷闷不乐，这时，小红和小丽来到他身边愉快地聊天。在她们的影响下，小军的愁容逐渐消失了。从情绪感染的概念可知，我们在学习生活中要多结交积极阳光的朋友，跟他们在一起时间久了，我们也会逐渐变得阳光开朗。

心理学家詹姆斯曾说："不是因为快乐了才微笑，而是因为微笑了才快乐。"当我们情绪低落的时候，可尝试着展露微笑，也可以与积极乐观的人在一起，这样，我们就可以被积极情绪所感染，走出负面消极的情绪。

课堂活动

你了解情绪ABC理论吗？请根据题目的提示，将表3－3的空白处填满。

表3－3　情绪ABC理论测试表

事件（A）	想法（B）	情绪（C）
要和同学一起去郊游	B1：没合适的衣服穿 B2：不知穿哪件好	C1：觉得烦恼 C2：
要期末考试了	B1： B2：	C1：觉得很快乐 C2：
球赛输了	B1： B2：	C1：十分沮丧 C2：
好朋友不借作业给我抄	B1： B2：	C1：愤怒 C2：
数学考了50分	B1： B2：	C1：担心 C2：

说明：空白的地方，请同学们进行补充。希望每一位同学在生活和学习中积极使用成长型思维，做一个不断成长的人。

小故事

别让失去带走我们的快乐

一天下午，晚霞映照在轮船的甲板上，一位老人正坐在那里看报纸。这时，突然刮起了一阵风，把老人新买的帽子吹了起来。当他抬起头时，帽子已经落入海中。船依旧在前进着，只见老人用手摸了摸自己的头，又继续看起报纸来。

旁边的一个小水手迷惑不解地问："先生，你的帽子被刮入大海了。"

"是的，谢谢你的提醒！"老人仍继续看报。

小水手着急地说："可那帽子值几十美元呀！难道你就不着急吗？"

"我正在考虑怎样省钱再买一顶。帽子丢了，着急又有什么用呢？它还能再回来吗？"说完，老人又继续看报纸了。

是的，失去的已经失去了，又何必为之耿耿于怀呢！

心理拓展

思维决定行为

让我们产生不同的情绪反应的，往往不是所发生的事情本身，而是我们对这件事的解释和看法。事情本身无所谓好与坏，我们依照自己的主观喜好和价值观去看待它，才会产生种种所谓的烦恼与困扰的情绪反应。拥有消极思维和积极思维的人面对同一件事时，往往表现出截然不同的态度和行为，见表 3－4。

表 3－4　拥有消极思维和积极思维的人的对比

拥有消极思维的人	拥有积极思维的人
在问题面前束手无策	想办法解决问题
心灵是封闭的	头脑是开放的
观念是陈旧的	观念是崭新的
只说不做	言出必行
看结果做事	看趋势做事
只看消极与失败的一面	先看积极和光明之处
在失败面前找借口	在失败之后找原因
字典中总有"不可能"	字典中没有"不可能"
不愿合作，不会利用人际关系	喜欢与人合作，会利用人际关系
目光短浅，斤斤计较	目光远大，不会计较一时之利益
总觉得时间富裕，无所事事	总觉得时间不够用，忙于做事
总想休息，工作并痛苦着	热爱事业，快乐地工作着

趣味测试

你的情绪稳定性如何

下面的测试能帮助你了解自己的情绪稳定性，请从下列选项中找出最适合你的答案。

1. 你的情绪一般不受气候变化的影响。(　　)

A. 是的　　B. 不一定　　C. 不是的

2. 你常常善意待人，却得不到好报。(　　)

A. 是的　　B. 不一定　　C. 不是的

3. 如果到一个新环境，你会把生活安排得和从前不一样。(　　)

A. 是的　　B. 不一定　　C. 不是的

4. 你所预期的目标一定会达到。(　　)

A. 是的　　B. 不一定　　C. 不是的

5. 至今，你仍然敬佩你的小学老师。(　　)

A. 是的　　B. 不一定　　C. 不是的

6. 你认为有些人总是回避或冷淡你。(　　)

A. 是的　　B. 不一定　　C. 不是的

7. 猛兽即使是关在铁笼里，你见了也会惴惴不安。(　　)

A. 是的　　B. 不一定　　C. 不是的

8. 你喜欢所学专业和从事社会工作。(　　)

A. 是的　　B. 不一定　　C. 不是的

9. 即使有人在你身旁高谈阔论，你也能聚精会神地看电影。(　　)

A. 是的　　B. 不一定　　C. 不是的

10. 不论到什么地方，你都能清楚地辨别方向。(　　)

A. 是的　　B. 不一定　　C. 不是的

11. 你常常避开你不愿意打招呼的人。(　　)

A. 是的　　B. 不一定　　C. 不是的

12. 你常常被生动的梦境干扰睡眠。(　　)

A. 是的　　B. 不一定　　C. 不是的

13. 你有能力克服各种困难。(　　)

A. 是的　　　　B. 不一定　　　　C. 不是的

参考评分：

根据表3－5，查明你每题的得分，并求出总分。

表3－5　计分表

题号＼选项	A	B	C
1	2	1	0
2	0	1	2
3	0	1	2
4	2	1	0
5	2	1	0
6	0	1	2
7	0	1	2
8	2	1	0
9	2	0	1
10	2	1	0
11	2	1	0
12	0	1	2
13	2	1	0

结果分析

17～26分：说明你的情绪倾向于稳定，常常有能力以沉着的态度应对各种问题。

13～16分：说明你的情绪倾向于基本稳定，有时会受环境的影响而表现出急躁不安。

0～12分：说明你的情绪倾向于激动，常常感到身心疲乏，甚至失眠等。要注意调控自己的心境，让自己的情绪趋于稳定。

提示：以上测试仅供参考，不必刻意“对号入座”。

心灵体验

1. 打卡一周：我的情绪观察日记

请同学们每天打卡记录当天发生的某些事，把自己当时的感受用情绪词语描述出来，填入表3－6中。

表3－6 打卡记录

日期	今天发生什么事？	我的情绪有哪些？
周一		
周二		
周三		
周四		
周五		
周六		
周日		

2. 移“情”别“恋”情绪转化单

事件（A）：________________________________

感受（C）：________________________________

为你产生的最强烈的负面情绪从0到10进行打分。分数越高，表明负面情绪越强烈。

0 1 2 3 4 5 6 7 8 9 10（直接用笔在上面画圈即可）

虽然：________________________________

但是：________________________________

有可能（B）：________________________________

当你转变想法之后，再对此情绪程度从0到10进行打分。

0 1 2 3 4 5 6 7 8 9 10（直接用笔在上面画圈即可）

话题四

修炼人际　快乐成长

学习目标

知识目标

☆了解朋友的重要性。

☆掌握获得真挚友谊的方法。

☆了解亲子关系的含义及现状。

☆理解亲子关系的重要意义。

☆掌握化解亲子冲突的有效方法。

☆掌握与老师沟通、交流的方法与技巧，增进师生间的感情，建立良好的师生关系。

能力目标

☆提高交友能力。

☆培养感恩之心，提高化解亲子冲突的能力。

☆能通过沟通与交流，建立良好的师生关系。

素质目标

☆提高与益友同行的良好心态和行为习惯，避免不良影响和有害行为。

☆增强感恩父母心的情感表达和行动支持，从言语、行为、关心等方面对父母表达感激和尊重。

☆认识到良好的师生关系对个人学习、成长的作用。

活动八　与益友同行

世间最美好的东西，莫过于有几个有头脑和心地都很正直的严正的朋友。

——爱因斯坦

课堂引入

你会提供这样的“帮助”吗？

方平是一名中职生，平时喜欢将自己打扮成酷酷的“花花公子”样，以引起别人的注意，却不怎么用功学习。考试即将来临，方平对明明说：“看在我们平时是哥们儿的份上，你考试时一定要帮助我呀。否则，我可不好跟我老爸老妈交代呀。”明明知道这样做是不对的，但想到能帮助方平躲过父母的叱责，便违心地答应了他的要求。

想一想：如果你是明明，你会答应方平的要求吗？

“有一把雨伞撑了很久，雨停了还不肯收。有一束花闻了很久，枯萎了也不肯丢。有一种友情，希望到永远，即使青丝变白发，也能心底保留。”这就是友谊。友谊能给你一个宽敞的空间。在那个空间里，你与朋友自然相处，心灵相通。沉默，就是会意的语言；交流，无须千言万语。心有灵犀，是友情中最美的风景……

我们要走出封闭、狭隘的自我，真正融于集体之中，在多姿多彩的人生实践中提高交友能力，建立起和谐美好的人际关系，获得人世间最珍贵的友谊。

一、朋友的重要性

朋友带给我们温暖、支持和力量，让我们感受生活的美好。在人生的旅途上，朋友与我们同行，友谊照亮我们的生活之路。真正的朋友应互帮互助，在追求理想的过程中一起进步成长。真挚的友情是人生最宝贵的财富。

在我们寂寞、孤独和苦恼时，朋友会给予我们温暖。在我们成功时，朋友会与我们分享喜悦和快乐。在我们失败时，朋友会激励我们继续前进。在我们无往不胜时，朋友会告诫我们要冷静、理性。在我们遇到挫折时，朋友会给予我们信心、勇气和力量。

课堂思考

1. 想一想：你喜欢朋友身上的哪些方面？请把它们写下来。

2. 把你认为最重要的方面放在表 4－1 中的 1，其次的放在 2，以此类推。

表 4－1　我喜欢朋友的哪些方面

我喜欢朋友的哪些方面	
1.	2.
3.	4.
5.	……

提示

人们往往因为这些而成为朋友：

外表——长得好看、穿得漂亮、口才好、说话风趣的人比较受人欢迎。

接近——空间的接近，比如住得近、座位近的同学成为朋友的机会更大。

相似——行业、家境、出身、年龄、学历、兴趣、态度等方面相似，更容易把彼此间的心理距离拉近。

个性——能力比较强、性格开朗、脾气温和的人，更容易吸引他人。

二、获得真挚友谊的方法

1. 学会坦诚

坦诚相待是打开心门的钥匙，是建立真正友谊的基础。朋友之间要用真心去交流，大胆地分享自己的想法和感受；坦然承认自己的缺点和不足，明确表达自己的好恶和期望。尤其在遇到分歧时，彼此间更要坦诚沟通，相互包容与谅解。

2. 学会理解

理解是开启心灵的妙方。朋友之间要设身处地为彼此着想。我们都有被“冒犯”或“误解”的时候，如果对此耿耿于怀，心中就会有解不开的“疙瘩”；如果我们能深入体察对方的内心世界，或许就能达成谅解。一般而言，只要不涉及原则性问题，都是可以理解的。与快乐的人一起快乐，与悲伤的人一起悲伤。让每一个与你交往的人，都能感觉到你对他的重视和理解，你会更容易获得真挚的友谊。

3. 学会宽容

宽容是沟通心灵的纽带。宽容不是胆小无能，而是一种海纳百川的大度。别人不小心踩到你，你摆摆手，说声没关系；别人弄坏了你的东西，向你道歉时，你宽容地回以一笑。天地如此宽广，比天地宽广的应该是我们的内心。

4. 学会尊重

尊重是打动心灵的法宝，尊重是友谊的奠基石。如果没有了尊重，恐怕也谈不上友谊。如果想与一个人建立长久的友谊，就必须尊重他（她），尊重他（她）的生活、事业、家庭以及其他各个方面。只有做到了基本的尊重，友谊才有发展的可能。

我们每个人都希望得到别人的尊重，但是想被尊重，首先就得先去尊重别人。正如马克思所说：“你希望别人怎样对待你，你就应该怎样对待别人。”同样，谁自重，谁就更能得到别人的尊重。让我们的生活中多一些尊重吧，既尊重他人，也尊重自己。

课堂活动

赞美心

用不同的色彩比较鲜艳的纸剪成心形，心形纸的张数为 $n\times(n-1)$，n 为小组成员数。

（1）n 人一组，发给每位成员 $n-1$ 张彩色心形纸。

（2）每人必须分别在每张纸上，写下这个小组其他成员的一个优点，且一张纸只能写一个人。抬头写这个人的姓名，然后签上自己的名字。最后，分别送给每一个人。这样，每个人都能收到小组其他成员送的优点卡。

（3）收到卡片后，要向别人致谢。

（4）将自己最喜爱的卡片上的内容读出来，与大家分享。

信　赖

将参加的所有的学生排成两排，进行“石头、剪刀、布”游戏。胜者组成一组，并取名成功组；败者组成一组，并取名强者组。先由强者组身体往后倒，并喊出口号：我相信你。成功组做支撑，并喊出口号：我支持你。然后互换角色。

小故事

铭记朋友的真诚帮助

一对好朋友在沙漠中旅行。因为意见发生分歧，他们开始争吵并打架。其中一个打了另一个一记耳光，被打者觉得受到侮辱，一言不发地在沙子上写下：今天我的朋友打了我一巴掌。在他们继续往前走的路上，发生了意外，被打的那个人差点淹死。被救之后，他拿出一把小剑在石头上刻下：今天我的朋友救了我一命。他说：当被朋友伤害时，要写在最易忘记的地方；相反，如果被帮助，则要把它刻在心灵的深处。

伟大的友谊

马克思出身贫穷，但才华出众。恩格斯家庭比较富有，但他没有因为贫富悬殊而轻视马克思，而是在经济上和精神上不断地支持马克思。两位伟人互相勉励，为人类做出了巨大的贡献。马克思去世时，恩格斯致以深沉而真挚的悼词，还帮助马克思出版了巨著——《资本论》。这一对朋友的友谊被人们称为“伟大的友谊”，流芳百世。他们可谓举世闻名的益友。

心理拓展

消除嫉妒心理，正确对待被人嫉妒

当有同学在某些方面超过你的时候，你首先应为自己的同学所取得的成绩而高兴，然后冷静地分析自己的不足，找出差距，迎头赶上，这才是一个强者应有的气度。相反，如果不能接受别人比自己优秀，妒火中烧，因而去打击讽刺别人，这是弱者的思维和表现。

如果你被别的同学所嫉妒，可以采取以下方法应对。

第一，正确认识自己，维持自我心理平衡。

第二，鄙视嫉妒行为。

第三，对嫉妒者主动予以帮助，使他尽快摆脱这种不健康的心理。

如何对待有不良习惯的同学？

第一，要善意地劝告、批评和引导。明代学者苏浚在《鸡鸣偶记》里说，朋友有四种：“道义相抵，过失相规，畏友也；缓急可共，生死可托，密友也；甘言如饴，游戏征逐，昵友也；利则相攘，患则相倾，贼友也。”这里说的“畏友”，就是志同道合、敢于直言规劝的朋友；“密友”，就是不但在平时往来，而且在危难之际也能生死与共的朋友；“昵友”，就是那些互相吹捧奉承，只讲吃喝玩乐的朋友；“贼友”，就是那些以利取人、两面三刀的人。苏浚主张以前两种标准选择朋友、对待朋友。

第二，决不随波逐流。对不良习惯采取“同流合污”的态度，等于用别人的缺点来惩罚自己。

第三，用严于律己的良好习惯来创造出好的环境，对于有不良习惯的同学进行帮助引导，不仅要用语言，也要用实际行动。“和一群高尚的人相处，也可以使自己变得高尚起来。”在集体生活中，很重要的一条原则就是克己。

第四，能容忍同学的缺点。每个人都有缺点，“谁要求没有缺点的朋友，谁就没有朋友。”我们摒弃一个人的缺点和不良习惯，但并不摒弃这个人，而是满腔热情地帮助他（她）。如果人人都有这样的胸怀，不仅能心情舒畅地学习、娱乐、生活，而且彼此的关系也会更加融洽。

趣味测试

测测你维持朋友关系的能力

下面的测试将帮助你了解你的人际关系状况。请从下面的选项中选择最符合你的答案。

1. 当朋友向你吐露有趣的个人问题以后，你的做法是（　　）。

A. 努力使自己不转告别人

B. 根本没有想过将它转告别人

C. 很快与别人讨论此事

2. 当你遇到困难时，（　　）。

A. 你通常尽量自己解决

B. 你马上求助于别人

C. 你只求助于最要好的朋友

3. 当你的朋友遇到困难时，你发现（　　）。

A. 他们都愿意求助于你

B. 只有好友求助于你

C. 朋友们很少求助于你

4. 你认为你的朋友（　　）。

A. 为人可靠、值得信赖且看重友情

B. 能与你相处愉快

C. 有钱有势并且能够帮助自己

5. 你觉得最适合你的情况是（　　）。

A. 你与朋友在一起长时间闲聊

B. 你常能发现朋友的错误

C. 有你在的场合会使朋友很愉快

6. 在与朋友的交往中，你感到（　　）。

A. 你对很多朋友都感到不耐烦

B. 大多数朋友都与你相处很融洽

C. 必要时迁就一下朋友也是值得的

7. 你常常会采取一种做法：（　　）。

A. 你喜欢发现朋友的优点并向他学习

B. 你常坚持自己的看法

C. 你从不评论朋友

8. 你认为朋友之间的交往应当是（　　）。

A. 保持适当的距离

B. 充分信任的

C. 避免担当属于朋友的责任

请根据表 4－2 统计你的得分。

表 4－2　计分表

题号 / 选项	1	2	3	4	5	6	7	8	累计得分
A	2	3	3	2	2	1	3	2	
B	3	1	2	3	1	3	1	3	
C	1	2	1	1	3	2	2	1	

结果分析：你的得分越高，那就意味着你和朋友相处的能力越强，与朋友的关系也较好。反之，得分越低，可能意味着你和朋友相处的能力越弱。

提示：以上测试仅供参考，不必刻意“对号入座”。

活动九　感恩父母心

谁言寸草心，报得三春晖。

——孟郊

课堂引入

与母亲之间的沟通困境

一直以来，我都很庆幸，庆幸我的母亲不会侵犯我的隐私。但是今天，她显然是未经我的同意，就翻看了我的周记。其实，我应该生气的。但我没有，只是有些许失望。原来，她也和其他母亲一样。

但在餐桌上，母亲轻描淡写地提到了我周记上的内容。她说得那么理直气壮，仿佛这是她身为母亲所固有的权利。这让我感到愤怒和难堪。

事后想来，我与母亲的沟通实在少得可怜。很怀念小时候，母亲温柔的爱温暖了幼小的我。但渐渐地，代沟不可避免地产生了。我有我的思想、看法，而母亲仿佛只活在过去。我们的观念有了冲突，我也不再轻易地敞开心扉，曾经的努力都以失败告终。母亲是个贤妻良母，把整个家都安排得妥妥当当的，但对于我而言，她却不是一个可以交心的朋友。我真的很不希望母亲看到真实的我，害怕她会横加指责，我该怎么办呢？

想一想：

1. 你觉得“我”的根本问题是什么？
2. 如果“我”向你求助，你会有什么建议？

父母赐予我们生命，哺育我们成长，是我们的第一个朋友、第一任老师。母爱如水，父爱如山，他们每天都在无微不至地关心着我们。然而，面对这些，我们是否认为那是他们应该做的、是否忽略了他们的爱？能和父母和谐相处，对于我们而言，是多么重要。学会感恩，真心回报我们的父母吧，让他们感受到孩子的爱与关心。

一、亲子关系的含义

家庭是由婚姻关系、血缘关系或收养关系结合而成的亲属生活组织。家为我们提供了物质环境和精神的关爱。家庭是我们成长的摇篮，是我们温馨的港湾，是我们每个人最熟悉的地方。家里有我们亲爱的家人。亲子关系是家庭中的父母与子女的关系。

二、亲子关系现状

正值青春期的中职生，跟父母的关系呈现出一些新的变化，比如下面几点。

1. 情感上的疏离

他们开始减少对父母的依赖，与父母的情感交流不如以前那么亲密了。

2. 行为上的脱离

他们要求独立的愿望十分强烈，所以，反对父母对他们进行过多的干涉。

3. 观点上的差异

他们对任何事物都喜欢用自己的标准去判断和评价，不愿意接受强加的观念和规范，对许多昔日一贯信奉的观点都要进行审视，而审视的结果常常与父母的意见不一致。

4. 父母的榜样作用削弱

进入青春期后，中职生也因此产生了一些烦恼。他们的自我意识增强，开始独立行事，渴望父母像对待大人那样对待他们，甚至挑战父母的权威。然而在父母的眼里，他们总是长不大的孩子。他们与父母之间产生了重重矛盾……

中职生正处于一个崇尚个性与独立的时期。他们追求自由，不愿意被束缚，但在内心深处又极度渴望得到父母的关心和疼爱。正是这样一种矛盾的状态，为我们新的探索提供了思路。我们应如何处理亲子关系？如何架起亲子沟通的心桥？

课堂活动

产生矛盾时，我们总是认为父母不理解我们，甚至觉得他们不关心我们。那么我们对他们又有多少关心呢？

爱的天平

拿出一张白纸，在左边的部分写上父母为我做过的事，在右边的部分写上我为父母做过的事。三分钟后，请同学们看看手上的白纸，天平的哪一边比较重呢（图4-1）？

父母那边的天平显然更重，也就是说，父母为我们付出的更多。如今我们已经长大，是不是也该为父母做些什么呢？我们对自己的父母有多少关心，有多少了解呢？

图4-1 爱的天平

你对父母了解多少？请写出父母（或者其中一位）的以下信息。

出生日期：________________

最好的朋友：________________

最爱吃的东西：________________

最爱看的电视节目：________________

最喜欢的休闲活动：________________

最擅长的事：________________

需要承担的家务：________________

最大的希望：________________

对家庭的贡献：________________

最重的负担：________________

三、良好亲子关系的重要意义

无论是对父母，还是对子女而言，亲子关系都具有重要的意义。

对父母而言，亲子关系具有血脉相连的特殊意义——子女是父母生理和心理的延伸。父母在日常对子女的照顾和关爱中，不断表达和感受着人性和亲情，使生命得到升华。对子女的依赖和需求的满足，也使父母感到个人和人类生命的价值。

对子女而言，亲子关系是儿童最早建立也是最亲密的人际关系。亲子关系的好坏，不仅影响着儿童身心的发展，也影响儿童以后建立各层次的人际关系的能力。父母为子女提供的最早、最基本、最具有奠基性意义的教育、指导和训练，是孩子进一步成长的基础。父母根据社会文化的要求和准则对子女的行为进行约束，对文化传统进行传承，这是儿童早期社会化的主要渠道。父母对子女提供的一切养育资源，是子女生存的保证。

进入青春期，青少年在生理、心理和社会适应等各个方面都进入了一个迅速发展的时期。在这个时期，同龄伙伴和朋友对他们的影响比较大，他们对父母的认同感大大降低，并强烈追求自尊和独立。虽然他们与同龄朋友推心置腹的程度远远高于与父母的程度，但是在遇到复杂的重大的问题时，他们还是会选择与父母商量。他们希望把父母看成朋友和参谋，因此父母在青少年的社会化进程中仍然可以起到重要的作用，尤其是在价值观和理想方面。当然，亲子关系中也潜伏着双方可能发生的冲突。如果父母与子女的价值观、理想方面有很多相同的地方，其亲子关系就比较容易缓和，易于形成和谐的亲子关系。反之，就会产生代沟，不利于形成健康的、亲密的亲子关系。

课堂思考

1. 父母做的让你最难忘的一件事是什么？

____

____

2. 父母在你的心中处于怎样的地位呢？

____

____

四、青少年逆反心理

逆反心理是子女对父母的思想观念、管教方法、严格要求等产生反感。具体表现有：要我这样，我偏那样；你说这好，我偏说那好；让我信这，我偏信那；以强硬的态度顶撞，以粗暴的举止反抗；对父母不理不睬、冷淡相对；用极端的办法处理矛盾；等等。在现实生活中，父母在家庭教育方面也有误区，所以对子女的逆反心理和逆反行为要具体分析，不能一概说是错的；有的反抗，不无道理。但子女的逆反心理往往会导致家庭中的矛盾和冲突，影响子女的健康成长，有的甚至会酿成悲剧。

五、化解亲子冲突的有效方法

化解“爱的冲突”的重要途径是心与心的沟通。通过沟通达到互相理解、互相关心、互相信任、互相体谅的目的。亲子沟通需要有诚实和积极的态度，父母关心我们的成长，渴望了解我们的情况，我们有责任、有义务让父母及时知道我们的情况。与父母沟通的前提是彼此了解，尊重、理解是最关键的。理解父母的有效方法是换位思考，沟通的结果是求同存异。

很多人觉得自己对亲子关系无能为力。然而随着年龄的增长以及社会认知水平的提升，子女也可以主动去调整，采取措施，促进亲子关系的改善。父母和子女要定期或者不定期地抽出时间，利用各种方式进行沟通和交流。怎样沟通呢？可以从以下几个方面做起。

1. 接纳

经过认真地分析和思考，在了解对方的意见和态度后，接纳正确合理的部分，放弃自己的偏见。

2. 融合

年轻人可以从年长者那里学到经验，而年长者可以从年轻人那里学到新观念，两者可以取长补短，融合成更完美的方案。

3. 折中

对于两代人不同的思想和意见，可以寻找折中的方案。双方在各自做出一些让步的基础上，兼顾双方的利益。

4. 并存

如果自己的行为不损害对方的利益，双方意见不同，也不涉及原则性的问题，可以各持己见，互不干涉。

5. 搁置

对于原则性问题，即使双方看法不一，也不要针尖对麦芒，以免争得面红耳赤，伤了和气。可以暂时将问题搁置，静观发展，等日后有机会再解决。

小故事

天亮了

这原本是蓝天白云、阳光灿烂的一天。一对年轻的夫妇带着他们的孩子坐缆车前往山顶游览。谁知，半途中缆车出现了故障，所有人都被悬在了高空中，人们高声呼救，最终也抵挡不住厄运的来临。突然，缆车径直落下，伴随着人们的恐慌和尖叫，跌入了一个深不见底的山谷。就在生命的最后时刻，那对年轻的夫妇什么都没想，他们只有一个念头：“孩子不能死。”他们用尽全身的力气，用双手托起了孩子。

“砰”的一声，响声震彻整个山谷，缆车变成了一堆废铁。事故发生后，现场的游客们迅速自发组织起营救。当大家赶到现场，眼前的一切惨不忍睹：车厢已经变形得不成样子，厢底还积聚着大量已经变得乌黑的血，周围的空气里弥漫着一种难闻的血腥味。缆车里面的人手脚缠绕，互相堆叠，血肉模糊。赶去救援的游客大声地鼓励着："坚持住，医生马上就到！"

时间一分一秒地过去，大家终于等到了武警战士和医护人员的到来。因为谷底的道路崎岖狭窄，所以救援队分成了每 10 人一组。为了争取时间，救援人员用双手和肩膀托起伤员，不顾一切地向着山顶的医院冲去。这天夜里，下起了大雨，风也比以往显得更加寒冷。

在这一场惨痛的事故中，14 个鲜活的生命永远离开了，受伤最轻的就是那个孩子。年仅两岁半的孩子只是嘴唇受了点伤，而他的父母却永远合上了双眼，永远地离开了他们深爱的孩子。他们用双手和爱托起了儿子重生的起点。孩子"哇哇"地哭喊着，年幼的他不知道发生了什么。他只有朦胧的记忆，在那风景美丽的地方，那可怕的巨响，那黑暗的山谷，让他再也见不到他的爸爸妈妈了。幼小的他，只想着："太阳快出来吧。天亮了，我要找我的爸爸妈妈。"在生与死的瞬间，父母用双手把生的希望留给了孩子，这就是人世间最伟大的父爱、母爱。

这个故事深深地打动了歌手韩红。她曾动情地说："我就觉得在缆车下落即将坠地的那一瞬间，孩子的爸爸妈妈把他举起来，这是一个用'伟大'两个字都无法去恰当体现的壮举。这个壮举也许是出于父亲、母亲的一种本能，也许是出于他们对孩子的一种爱，也许，更多……"韩红以此事件并以小孩的口吻，创作了一首催人泪下的歌曲——《天亮了》。

心理拓展

和父母沟通的 16 个技巧

1. 体会父母的爱。
2. 给父母足够的尊重。
3. 多给父母一些赞赏。
4. 怀着感恩的心和父母沟通。
5. 怀着宽容的心和父母沟通。
6. 用开玩笑的方式向父母提意见。
7. 不要恶语顶撞父母。
8. 父母倾诉，子女要耐心倾听。

9. 劝说父母，要懂得委婉。

10. 告诉父母，你需要赞美。

11. 提醒父母，不要唠叨。

12. 请父母遵守约定。

13. 错了，就要向父母道歉。

14. 勇于承担错误。

15. 学习成绩下降，及时获得父母谅解。

16. 做父母感情的黏合剂。

趣味测试

你的“感恩指数”有多高?

下面的测试能帮助你了解自己的感恩指数。请从下列选项中找出最适合你的答案。

1. 作为孩子，你认为有必要向父母感恩吗？(　　)

A. 非常有必要

B. 无所谓

C. 没有必要

2. 你怎样理解报答父母的“养育之恩”？(　　)

A. 源于“血浓于水”的亲情

B. 社会舆论和道德的要求

C. 一种偿还

3. 你理解自己的父母吗？理解的程度是怎样的？(　　)

A. 非常理解，知道他们真正的想法

B. 有时候理解

C. 不理解

4. 你知道父母的年龄和生日吗？并且能在第一时间清楚、准确地说出来吗？(　　)

A. 知道，也能准确地说出来

B. 只知道大概

C. 不知道

5. 你关心并了解父母的身体健康状况吗？（　　）

A. 关心，也比较了解

B. 一般，有时候想起来问问

C. 不太关心和了解

6. 你知道父母喜欢的东西吗？比如，他们爱吃什么、喜欢什么颜色等。（　　）

A. 知道　　B. 知道一部分　　C. 不太清楚

7. 你了解家里的经济情况吗？（　　）

A. 非常了解　　B. 比较了解　　C. 不了解

8. 你经常和父母聊天或者谈自己的想法吗？（　　）

A. 是的，经常　　B. 偶尔　　C. 从来不

9. 你经常向父母说感谢的话或者说“我爱你”吗？（　　）

A. 是的，经常说　　B. 有时候说　　C. 几乎不说

10. 你经常拥抱自己的父母吗？（　　）

A. 经常拥抱，我喜欢拥抱他们

B. 有时候拥抱一下

C. 从来没有过

11. 你上次帮父母洗碗、扫地或者擦桌子是在什么时候？（　　）

A. 昨天

B. 好像是两个星期以前

C. 时间太长，早就忘了

12. 你对父母说过谎话吗？（　　）

A. 从来没说过，我没什么要隐瞒他们的

B. 说过一次

C. 说过几次

13. 你经常和父母发生争吵吗？（　　）

A. 从来不，意见不一致时我会和他们沟通

B. 偶尔发生过

C. 是的，经常发生

14. 面对父母的教导和批评，你的态度是怎样的？（　　）

A. 虚心接受，认真改正自己的缺点和错误

B. 有时候听

C. 基本上不听，坚持自己的想法

15. 你认为自己是个懂得感恩的人吗？（　　）

A. 应该是吧，我觉得自己做得很好

B. 还可以，做得一般

C. 有些勉强，我做得不够好

小测试做完了，你的“感恩指数”有多高呢？请参考表4-2中的结果。

表4-2　结果分析表

选项最多	结果
A	说明在对父母感恩这方面，你做得很好。但测试中列举的问题并不是全部，请你继续努力，做一个理解、感恩父母的好孩子，并把感恩的心付诸行动，去做感恩的事
B	说明你有一颗感恩的心，但做得还不够好。以后在生活中要学着关心、了解父母，选择恰当的方式和他们沟通。经过一番努力之后，相信你的“感恩指数”会一路飙升
C	你要提高警惕了，你的“感恩指数”还不够高，还有一定的差距。但也不要沮丧，从前面的问题中找一些提示，想想自己接下来该怎么做

通过这个测试，你是否对以后“如何感恩父母”有了一个完整的规划呢？

提示：以上测试仅供参考，不必刻意“对号入座”。

活动十　构筑师生情

不管一个人取得多么值得骄傲的成绩，都应该饮水思源，应该记住是老师为自己的成长播下了最初的种子。

——居里夫人

课堂引入

受到表扬的铮铮

铮铮是一位中职生，她看到其他同学可以当班干部，很羡慕，同时，更多的是郁闷。她说：“他们都得到了老师的重用，可老师就是不喜欢我，不给我机会。”她把自己和老师对立起来，排斥老师，对抗老师，与老师的距离越来越远。

学校黑板报评比，她为班里画了黑板报。老师对她说：“黑板报出得很不错。”这让她感受到从未有过的成就感。于是，她突然觉得：“原来老师也是喜欢和认可我的。”她努力地出了一期又一期的黑板报，还当上了宣传委员。老师说：“你真是个勤奋的好孩子。”

她在众人面前演讲：“是老师的鼓励激发了我的潜能，在我们的成长中，老师是最有力的支持者。”同学给予她热烈的掌声。

铮铮对老师充满感激，老师的鼓励陪伴着她健康快乐地成长。她和老师也越走越近，经常互相交流。

想一想：你体会到了老师对你的关爱吗？

老师引领着我们成长。没有老师，人类的文化就难以延续和发展，整个社会就难以进步。我们怎样才能更好地理解老师、尊重老师，从而与老师形成良性互动呢？

一、良好的师生关系对中职生的个人学习和成长有着重要的作用

1. 激发学习兴趣和动力

良好的师生关系，可以使学生对学习产生浓厚的兴趣。教师的鼓励、关注和支持，可以激发学生的学习动力，从而使他们更加主动地投入学习中。

2. 营造积极的学习氛围

良好的师生关系有助于营造积极的、支持性的学习氛围，学生在这样的环境中更加容易集中注意力学习。教师与学生之间相互尊重、信任和合作，对于中职生的个人学习和成长至关重要。

3. 提供个性化的指导和支持

中职生的学习需求各有不同，良好的师生关系有助于教师更好地了解学生的特点、需求和潜力，并提供相应的指导和支持。教师可以通过与学生的密切交流和互

动，了解他们的学习困难和问题，并针对性地给予帮助和支持，以促进中职生的个人学习和成长。

4. 培养积极的学习态度和习惯

良好的师生关系，有助于培养中职生积极的学习态度和良好的学习习惯。教师的榜样作用和正面回馈，可以帮助中职生形成乐观积极的学习态度，而教师的指导和引导，也可以帮助他们养成良好的学习习惯，如自主学习、自我管理等。积极的学习态度和良好的学习习惯对于中职生的学习和成长至关重要。

总之，良好的师生关系对中职生的个人学习和成长有着深远的影响。这种关系能激发他们的学习兴趣和动力，形成良好的学习氛围，并培养积极的学习态度和习惯。因此，教师和学生之间建立起良好的师生关系，对于中职生的发展具有重要意义。

二、中职生与老师发生冲突的常见原因

师生关系是教育活动中最基本、最重要，同时也是最活跃的人际关系。而有人际交往的地方，就有冲突发生。中职生与老师发生冲突，常常有以下几种原因。

1. 不尊重老师

有些学生认为老师在处理问题上不公平、不公正，有偏袒之心，渐渐地也不再尊重老师，甚至抵触老师。学生知识和道德水平参差不齐，也有些学生自小养成一些不良习惯，故意不尊重老师，行为张扬，从而引起师生冲突。

2. 情绪理解力和控制力不强

大多数中职生因为处在青春期，知情意方面的发展还不成熟，不能很好地控制自己的情绪；遇到事情容易慌张，爱冲动，凡事不去想后果。例如，学生犯了一个小错误，老师批评几句，有些学生虚心听一下，也就过去了；但是有些学生认为自己受到不公平对待，因而和老师发生争执。

3. 想要寻求注意、彰显自我

青春期的学生，大都有一种“获得注意”的潜意识。在课堂上，有部分学生认为自己无法通过学习获得认可、彰显自我，就试图通过课堂的违纪行为来获得注意。而很多老师并未认识到这些学生的心理需求，采取了强硬的方式进行制止，这使得师生关系更加紧张。

4. 家庭因素

部分学生家庭条件优越，家庭的溺爱使其非常自我，无法接受老师的管教；部分学生家庭关系长期不和，家庭教育缺失，造成了他们在思想和行为上的缺陷与偏差。这种偏差延伸到课堂中，极易引发师生冲突。

三、如何处理师生矛盾

如果我们和老师发生矛盾，出现对立、争执和冲突时，该怎么办？

（1）停止争辩，学会冷处理。

（2）尊重老师，主动找老师交换意见并虚心接受老师的批评，不可当场顶撞老师。

（3）请他人帮助分析问题，寻找解决方法。

（4）反思自己，查找自身原因。

（5）如果和老师的分歧一时不能消除，不被老师理解，可以先求同存异，保留自己的意见。如果确实遭遇不公平的事情，也要保持冷静，寻找合适的方式表达。

课堂思考

3～5个同学组成一个小组，就师生交往中最可能发生的事情、问题和困惑进行讨论，选出各组提到最多的4～5个问题。每个小组再针对每个问题一一讨论，找出改善师生关系、促进师生交往的办法。

主要问题或困惑：

____

____

改善方法：

____

____

结合你个人的经历，你认为改进师生关系还有哪些有效的方法？

____

____

四、建立良好师生关系的方法

作为中职生，为建立良好的师生关系，我们应该从以下几方面做出努力。

1. 正确认识自己生理和心理的变化

在师生关系中，学生最能把握的角色就是自己。良好师生关系的建立，需要中职生正确地认识并且接受自己的生理和心理的变化，在追求独立自主时，要学会有意识地控制自己的情绪，抑制自己的冲动，恰当地向老师表达自己的需求。

2. 尊重老师，摆正自己学生的位置

《师说》有言：“师者，所以传道受业解惑也。”老师是学生的指明灯，负责用知识充实学生的头脑，培养学生健全的人格和积极向上的人生态度。因此，中职生应尊重自己的老师，多从老师身上吸取有益的营养。

3. 理解和接纳老师

俗话说：“金无足赤，人无完人。”因此，学生除了要了解老师的优点与长处外，还应理解和宽容老师的缺点或不足，并在合适的时机，用委婉的态度向老师提出自己的意见。此外，学生还可以寻找和老师的不同点与矛盾点，适当调整自己，发掘与老师之间的共同点，从心底接纳老师，从而与老师建立彼此认同的和谐师生关系。

4. 树立自信，主动接近老师

师生关系的深入发展，既需要老师关注学生，也需要学生主动接近老师。每位学生都应树立自信，培养主动与老师交往的意识。与老师之间的互动内容，可以不局限于知识问题和学业问题等，也可以是生活、交友等问题。师生之间心灵的沟通和情感的交流，更有利于拉近学生与老师之间的距离，建立良好的师生关系。

课堂活动

角色扮演——今天我来当老师

情景一

老师在上面认真地讲课，小刚却在底下看课外书。

情景二

老师在上面讲课，别的同学都在认真听讲，小雪却在课堂上肆无忌惮地吃着口香糖。

情景三

老师在上面讲课，下边的同学仨一群俩一伙地聊着天不说，还时不时地和老师说：“您别讲了，我们都会了。”

除了以上三种情景，大家还可以设计情景，体验当老师的感觉。

你的感受是：

____

____

小故事

唐伯虎拜师

相传，我国明代著名画家唐伯虎（唐寅），学画时拜周臣为师。他刻苦学习，细心揣摩，画技进步很快。一年后，他觉得自己的画与老师的相比没什么两样了，于是想告假回家看望母亲。

唐伯虎买了不少礼品送给老师，以表示对老师的尊重。临行前，老师带他来到一间屋子。“真奇怪，怎么屋子四周都是门？”他想从一扇门走出去，看看门外花园里美丽的花鸟、潺潺的流水。不料，头却被重重地撞了一下。他想从另一扇门出去，结果又被弹回来了。

唐伯虎说：“老师，我怎么出去呢？你为什么锁着门呀？”

老师笑了，说：“唐寅，你仔细看看，门是锁着的吗？”唐伯虎仔细一看，原来那些门是老师挂在墙壁上的画啊！唐伯虎顿时羞愧难当，“噗通”一声跪在老师面前，说：“老师，请您原谅学生的肤浅，再教学生三年吧。”

老师把唐伯虎送的礼品还给他，语重心长地说：“尊重老师不只是表现在礼仪上，更主要的是要根据老师的教导去做，要把老师的本事学到手。”唐伯虎从此更加扎实地学画，一直到他画的窗户让大狸猫碰了头，才离开老师。后来，他的画比老师的还要好。人们都说，这才叫“青出于蓝而胜于蓝”，这才叫真正的尊师呢！

心理拓展

学生怎样和老师交往

多数同学都有这样的体会：与哪个老师关系比较融洽，喜欢上哪门课，哪门课的成绩就好；如果与哪个老师关系不和谐，也会殃及哪门课程，这大概也是爱屋及乌的反映吧。学生大部分时间都在学校里，就免不了和老师交往，对中职生而言，该怎样与老师交往呢？

第一，做好交往的心理准备。缺乏和老师交往经验的同学，在老师面前容易出现过度紧张、脸红、不知所措等反应，这有碍于师生关系的深入发展。若要克服这种现象，就必须做好一定的心理准备。首先，每个学生都应培养主动与老师交往的意识。其次，打好谈话腹稿。一般而言，和老师谈话都有一定的目的，或寻求学习上的帮助，或解决心理上的困惑等。若在谈话前先想想自己要问什么，该说什么话，有备而来，就能有效地克服胆怯、紧张、口齿不清等问题，提高交往的信心。

第二，尊重老师的心理需求，给交往创造一个舒适的心理环境。首先，老师在与学生的接触中，更注重的是心理需求，即精神满足。聪明的学生懂得尊重老师的人格，交往时有礼有节，用自己的进步表现作为献给老师的礼物，体现老师的人生价值，使老师获得精神上的满足。其次，在适当的时候对老师的优点和成就加以赞赏，但这种赞扬与欣赏应符合实事求是的原则，不能夸张，更不能无中生有，否则会给人以阿谀奉承、拍马屁的感觉。最后，年龄差异导致了师生间“代沟”的存在。故在交往中必须将心比心，站在老师的角度去思考、去体验，努力做到尊重老师的思想，理解老师的保守，包容老师的唠叨，毕竟，“金无足赤，人无完人”。因此，和老师交往时也应具有朋友般的宽广胸怀，对老师身上存在的一些无关紧要的不足加以谅解，给交往创造一个轻松的环境。

第三，掌握一些交往的技巧。人际交往是一门学问，也是一门艺术，要想加强与老师的交往，还必须掌握一定的交往技巧。首先，了解老师个性，选择适当的交往对象。不同老师具有不同的个性，因此，最好在了解的基础上选择那些具有良好心理品质并在个性特点上与自己相似或互补的老师作为交往对象。否则，自己的热情可能得不到相应的回应。其次，掌握交往时机。若需较长时间接触，最好能提前预约。再次，讲究交往方式的多样化。面谈是学生与老师交往的主要方式，但不是唯一方式，有时若能采取一些其他方式可能会得到出乎意料的效果。比如，和老师一起打球、散步、逛街等。最后，明白交往是双方的。因此，不能只想着从老师那里获得教诲，也应努力为老师提供一些新奇的或有益的信息，使师生在交往中得到共同发展和提高。

趣味测试

师生关系自测

这是一份有关你与老师相处过程中行为困扰问题的测验，请根据自己的实际情况，对每一题进行选择。

1. 你经常不能明白老师的讲解。(　　)

A. 是　　B. 否　　C. 介于两者之间

2. 你感到某位老师讨厌你或你讨厌某位老师。(　　)

A. 是　　B. 否　　C. 介于两者之间

3. 老师常以纪律要求压制你。(　　)

A. 是　　B. 否　　C. 介于两者之间

4. 老师上的课不能吸引你。(　　)

A. 是　　B. 否　　C. 介于两者之间

5. 老师不了解你的忧虑与不安。(　　)

A. 是　　B. 否　　C. 介于两者之间

6. 你的意见常被老师不加考虑地反对。(　　)

A. 是　　B. 否　　C. 介于两者之间

7. 老师把考试成绩的高低作为衡量学生优劣与奖惩学生的尺度。(　　)

A. 是　　B. 否　　C. 介于两者之间

8. 你找不到一位能倾诉内心隐秘的老师。(　　)

A. 是　　B. 否　　C. 介于两者之间

9. 老师常讽刺或嘲笑你。(　　)

A. 是　　B. 否　　C. 介于两者之间

10. 老师常给你增加学习负担。(　　)

A. 是　　B. 否　　C. 介于两者之间

11. 某位老师对你有点冷漠。(　　)

A. 是　　B. 否　　C. 介于两者之间

12. 你的思想常被老师支配。(　　)

A. 是　　B. 否　　C. 介于两者之间

13. 你在学习上的创造性见解常得不到老师的肯定。(　　)

A. 是　　B. 否　　C. 介于两者之间

14. 老师常让你感到紧张与不安。(　　)

A. 是　　B. 否　　C. 介于两者之间

15. 老师常误解你的行为而批评你。(　　)

A. 是　　B. 否　　C. 介于两者之间

16. 老师无法帮助你改进学习方法。(　　)

A. 是　　B. 否　　C. 介于两者之间

17. 老师很少与你倾心交谈。(　　)

A. 是　　B. 否　　C. 介于两者之间

18. 你常屈服于老师的命令与权威。(　　)

A. 是　　B. 否　　C. 介于两者之间

计分方法：

若回答“是”，计 2 分；“否”计 0 分；“介于两者之间”，计 1 分。请将分数填入表 4－3 中。

表 4－3　师生关系自测计分表

Ⅰ	题目	1	4	7	10	13	16	小计	总分
	分数								
Ⅱ	题目	2	5	8	11	14	17	小计	
	分数								
Ⅲ	题目	3	6	9	12	15	18	小计	
	分数								

结果分析：

1. 总分分析

师生关系自测答案表中，总分为Ⅰ、Ⅱ、Ⅲ三个分项分数之和。总分表示你在师生关系上行为困扰的程度。若总分为 24～36 分，表明师生关系困扰程度严重或较严重；9～23 分，表明困扰程度中等；9 分以下，表明困扰程度较少或很少。

2. 分项侧面分析

Ⅰ的分数表示在教学过程中师生关系的困扰程度。其中，7～12 分表明程度严重或较严重；4～6 分为困扰程度中等；3 分以下为困扰程度轻微或没有。

Ⅱ的分数表示在师生情感距离上的困扰程度。其中，7～12分表明困扰程度严重或较严重；4～6分为困扰程度中等；3分以下为程度轻微或没有。

Ⅲ的分数表示在师生之间地位关系上的困扰程度。其中，7～12分为困扰程度严重或较严重；4～6分为困扰程度中等；3分以下为困扰程度轻微或没有。

提示：以上测试仅供参考。如果你察觉到自己与老师之间的相处有困扰，可到学校心理辅导室求助。

（注：以上测试选自《师生关系的困扰自测问卷》，略作修改。）

心灵体验

1. 给自己的父母写一封信，表达内心想对父母说的话。
2. 帮父母做一件力所能及的事情。
3. 做一次小记者，采访一下老师的学生时代，并写一篇200字的采访感受。

____

____

____

____

____

4. 请判断以下说法是否正确，并说明理由。

（1）没有老师，人类的文化就难以延续和发展，整个社会也难以进步。

你的答案及理由：________________________

（2）尊重老师，也是尊重自己。

你的答案及理由：________________________

（3）作为老师，就应该做到十全十美。

你的答案及理由：________________________

（4）我们可以跟老师坦诚交流。

你的答案及理由：________________________

（5）上好每一堂课，是对老师劳动成果的尊重。

你的答案及理由：________________________

话题五

激扬青春　花季雨季

学习目标

知识目标

了解和认识青春期的变化。

正确认识和悦纳自己的性别角色。

掌握异性之间交往的尺度，树立健康的异性交往观念。

理解爱的真谛，包括互相尊重、信任、支持、包容等方面的内容。

了解恋爱红绿灯中的规则和原则，包括相互承诺、沟通和尊重等方面。

辨别爱与迷恋的差别，能对异性交往中的困惑进行分析。

能力目标

☆能运用科学的青春期健康知识应对青春期出现的心理问题。

☆能正确认识性别差异，悦纳自己的性别角色。

☆能把握原则与尺度，进行健康的异性交往。

素质目标

培养正确的爱的观念和价值观，如互相尊重、信任和支持。

能理智地控制自己的情感，尊重异性同学，形成良好的人际关系。

活动十一　男生与女生

青春在人的一生中只有一次，而青春时期比任何时期都强盛美好。因此，千万不要使自己的精神僵化，而要把青春保持永远。

——别林斯基

课堂引入

他和她有哪些区别

青春期来临，随着身体上的发育、生理上的全面成熟，昨日的男孩、女孩变成了今日的少男少女，男孩变得更加英俊潇洒，女孩变得更加亭亭玉立。

男女有“别”，表现在生理上的区别：第一性征的区别，即两性生殖器官不同；第二性征的区别，即青春期体态上有明显差异。

想一想：男孩和女孩的区别不仅是生理差异，而且是一种心理差异。在心理学上，这被称为“性别角色”问题。那么，男孩究竟应是怎样的形象？女孩又应是一种怎样的形象呢？同学们是怎么看待这个问题的呢？大家一起来探索一下。

一、青春期的变化

青春期是个体由儿童向成年人过渡的时期。通常人们会把青春期与儿童期进行明显区分，区分的界限是性的成熟。对于男性而言，性成熟的标志是遗精；对于女性而言，性成熟的标志是月经，即第一次来月经。以性成熟为核心的生理方面的发展，使个体具有了与儿童时期明显不同的社会、心理特征。随着生理方面开始不断成熟，个体的心理也会发生一些显著的变化。

1. 身体外形的变化

中职生在青春期时的身高和体重的变化是最明显的。在这个时期，中职生平均每年长高 6 ~ 8 厘米，有的甚至会长高 10 ~ 12 厘米。而体重的增长则反映了肌肉、骨骼的增长以及内脏器官的增大等发育状况。体重的增长还存在性别差异，女性在体重增加高峰期时，平均每年增重约 4. 5 千克；男性在体重增加高峰期时，平均每年增重约 5. 5 千克。由于雌激素有促进脂肪沉淀的作用，在整个青春期，很多女生的体重迅速增加，开始发胖。对于爱美的女生而言，可能会采取节食、吃减肥药等不健康的方式减肥，这些不健康的减肥方式导致很多女生面色苍白，身体瘦弱，常感到疲倦和精力不足。

2. 生理机能变化

青春期的个体生理机能迅速增强，男生肌肉强健，女生身材丰满。此外，青春期个体的大脑与神经系统逐步成熟，促使大脑对人体的调节功能大大增强，个体的分析、理解、判断问题的能力迅速提高，大脑的兴奋性增强，所以这时的个体易接受新事物。这个时期的中职生精力充沛、想象力丰富，喜欢独立思考问题，加上特有的批判性思维，因此他们富有创造性。但因受到垂体、甲状腺、肾上腺素的影响，处于青春期的中职生的情绪不稳定，具有易激动、烦躁、控制力弱等特点，所以这一时期的中职生要注意不要意气行事，避免造成遗憾。

3. 第二性征的出现及性机能成熟

第二性征是指个体身体形态上的性别特征。进入青春期后，个体的性腺机能开始活跃，性激素分泌增多，进而促进性器官、性功能的发育成熟。女生的第二性征表现为乳房隆起、盆骨变大、皮下脂肪增多、出现阴毛和腋毛等。男生的第二性征表现为出现胡须、喉结突出、嗓音低沉、出现阴毛和腋毛等。生殖系统发育成熟，标志着人体生理发育的完成。性腺发育成熟表现为女生出现月经、男生出现遗精。

4. 心理发展的矛盾性

青春期生理的急剧变化冲击着心理的发展，使男生、女生的身心发展失去平衡。生理上的快速成熟使中职生感觉自己已经是成年人了，而他们的心理发展却相对缓慢，其认知能力、自控能力、社会经验都与成人有很大差距。所以，中职生要求社会、家庭、学校把他们当作成人来看待，并给予他们信任和尊重；而成人了解他们只是处于半成熟期，无法给予他们完全的、真正的信任，这时就会出现一系列矛盾。

5. 性心理发展

随着性生理发育的不断成熟，男生、女生在性心理发展方面呈现明显的特点，他们开始意识到两性的差别及关系。从青春期开始，中职生告别了无忧无虑的童年，在人生的旅途上迈出了很大的一步，并且开始体验社会、体验人生、体验自我。他们在体验欢乐、新奇和美好等情绪的同时，也开始品尝孤独、空虚、悲伤、烦恼、惆怅和忧郁等情绪的滋味。

二、青春期的心理特点

了解青少年心理发展的不同阶段以及不同阶段的特点，特别是青春期的心理特点，能使青少年的心理发育少走弯路，并“不失时机”地发展和成熟起来。

个体的心理发展的阶段通常分为婴儿期、儿童期、青年期、成年期和老年期。不少学者对儿童的心理发展阶段进一步划分为：乳儿期（0～1 岁）、婴儿期（1～3 岁）、学龄前期（3～7 岁）、学龄初期（7～12 岁）、少年期（12～15 岁）、青年初期（15～18 岁）。对应上述心理发展阶段，青春期大约在少年期以及青年初期。青春期心理发展有以下主要特点。

（1）少男少女们的智力飞速发展，抽象、逻辑思维逐渐发育成熟，已初步具备了成年人的思维能力，并极具想象力。

（2）少男少女们的自我意识进一步发展并成熟，人格亦相应形成并固定下来。他们有了自己的人生观、价值观，并能独立评价自己和周围的事物，要求自立，要求尊重，精力旺盛，兴趣广泛，积极进取，希望能获得成功。

（3）性意识萌发、觉醒并发展成熟，他们不仅进一步明确了自己的性别身份，接受性器官的变化，且逐渐由两性间的回避发展为好感、倾慕，以至于接近和积极交往。当然，也可能会产生性幻想、性冲动等。

（4）少男少女的情绪极不稳定，时时表现出心理活动的不成熟和波动性，他们既缺乏经验，又过于自信。因此，在遇到各种问题和矛盾时又极易产生困惑和烦恼，产生各种各样的心理卫生问题。比如，对性生理及性心理的困惑、学习的压力、理想和现实的冲撞、人际关系的矛盾、择业的苦恼、对社会难以适应等。

三、学会做好自己的性别角色

进入青春期后，个体经历着一生中变化最剧烈、最明显的时期。随着性意识的觉醒，个体会强烈地意识到男女有“别”。那么，我们怎么做好自己的性别角色呢？

1. 要接受和悦纳自己的性别

无论是男生还是女生，都有自己的特点，在外表（如声音、表情、动作、姿势等）、个性品质（如勇猛、温柔等）以及游戏活动等方面，男生与女生都有一定的差异，都有自己的优势特征。如女生比较善解人意，男生相对坚毅刚强。在班集体、学校中，以至在社会上，男生与女生都有着不可替代的位置，我们要接受和悦纳自己的性别。

2. 要学会整合两性的优势特征

随着社会的进步和发展，兼具男性和女性优势特征的人往往具有更高的适应性。比如，一个善解人意又果断的女生，一个坚强勇敢又体贴细致的男生，会更受大家的欢迎。同学们在发挥自己性别优势特征的基础上，如果能发展异性的优势特征，就可能成为更优秀的自己。很多优秀的个性品质，可以由男生和女生共同具备，比如独立自主、无私善良、富有责任心等。在男女同学交往中，凡是有利于两性身心健康发展的、有利于两性和谐相处的、有利于社会进步和规范行为方式的，大家都可以大胆地学习。

社会在发展，我们的性别角色也要不断地发展。“男女有别”，让我们“别”出风采，“别”出美丽。让我们每个人为两性的和谐、社会的美好做出贡献。

课堂活动

哪个更适合？

你认为下列形容词形容男性较适合，还是形容女性较适合？

（A. 男性　B. 偏男性　C. 中性　D. 偏女性　E. 女性）

顺从（　）	好斗（　）	粗犷（　）	端庄（　）	刚强（　）
随便（　）	纯洁（　）	主动（　）	胆小（　）	敏感（　）
冒失（　）	亲切（　）	武断（　）	细心（　）	稳健（　）
严肃（　）	慈爱（　）	豪放（　）	温柔（　）	文雅（　）
大胆（　）	矜持（　）	深沉（　）	伶俐（　）	竞争（　）
温暖（　）	善谋（　）	伤感（　）	偏激（　）	整洁（　）

提示：对照你周围某一个异性同学的选择，看看有无规律可循。

四、当今社会性别角色的互补与优化

当今社会，女性已经从家庭走入社会，女性要在社会上立足并发展就必须具备传统意义上属于男性的品质，传统的两性对立的性别人格模式，正朝着男性和女性人格特质更为接近的两性趋同人格模式发展。由于女性运动的不断推进，以及整个社会形态的变迁，性别刻板印象将愈来愈弱，未来社会将有愈来愈多的人兼具两性化性格（即性别角色的互补与优化）。如鼓励男性多表现善解人意、温馨与精细的特质，同样鼓励女性多发挥勇敢、果断、独立的特质。两性化的人格富于适应弹性，所以比起男性化与女性化性格而言，将更适合未来越来越趋于多元化的社会。

课堂活动

“他”，还是“她”？

下面的每个句子都有一个“TA”。请你们想想，每个句子中的“TA”，是“他”，还是“她”？

1. （　　）说：“这几十里的山路不算什么，我天亮之前一定赶到。”
2. （　　）说：“你上次借我的半截铅笔，什么时候还呀？”
3. （　　）说：“这道题其实并不难，我很快就能做出来。”
4. （　　）说：“这道题太难了，我怎么也做不出，都快急哭了。”
5. （　　）说：“这一桶水太重了，你帮我拎一下好吗？”
6. （　　）说：“地我来扫，你去拖地。”
7. （　　）说：“这顿饭由我来买单。”
8. （　　）说：“不要哭了，哭有什么用！”
9. （　　）说：“你怎么讲话这么粗鲁？”
10. （　　）说：“我不喜欢逛街，我喜欢到游戏机房打游戏。”
11. （　　）说：“你怎么这么啰唆？”
12. （　　）说：“妈妈，晚饭我来做。”
13. （　　）说：“我很会做家务。”
14. （　　）说：“你怎么总是喜欢购物？”
15. （　　）说：“我们去打球怎么样？”

提示：不同的填法，反映了我们对男性和女性的不同认识、评价和期待。你的结论是怎样的呢？

填写完之后，与同学交换，看看他们心目中的男生、女生是怎么样的，对自己有哪些启发。

五、最初性别差异感的获得

男孩或女孩最初的性别差异感是由外界灌输的，通过大人直接告知，或通过穿戴、游戏、抚养方式等间接告知。婴儿出生以后，父母通过衣着、环境布置、取名等活动，把男女婴儿区分开来。两三岁的幼儿，观察父母不同的服装和行为，对男性和女性的外表和性别角色开始有所认识。3 岁左右的儿童已开始有了自己的性别概念。学龄前儿童的父母给不同性别的子女购买不同的服装和玩具，对男孩的顽皮和淘气采取容忍的态度，而对女孩的安静文雅则予以称赞。儿童通过玩具和游戏增强了性别角色的意识，使其行为向相应的性别角色转化。6 岁左右已能发现自己的体形、外貌是属于“父亲一类”，还是“母亲一类”，并开始模仿和认同周围的同性成人。入学以后，图书和电视对儿童性别角色的意识将进一步发挥影响。

进入青春期后，个体猛然感觉到自己和异性的性别角色差异，对这种差异和对自己的性别也有了自己的看法，形成了性别角色观。正常的男性个体这时会感到自己已是个男子汉，特别喜欢认同男子汉的形象。同样，女性少年这时会感到自己已是一位淑女。如果周围的人不把他或她当作男子汉或淑女对待，他或她就有一种难以忍受的感觉。如果在儿童期出现性别角色混乱或认同困难，则在青春期就会缺乏一般青少年的性别差异感。

课堂思考

青少年的性别差异感是如何产生的呢？

____

____

____

____

____

小故事

男儿有泪也要弹

“男儿有泪不轻弹”，说的是男儿泪少吗？不，男儿的“泪”应该比女人更多，因为男人长期压抑自己，极易导致生理上的脆弱和心理上的软弱。

有资料显示：男人的生命比女人脆弱。男人的死亡率比女人的死亡率高出 4%，男性的平均寿命比女性短 5 ~ 8 年。在 15 项主要导致人类死亡的疾病中，男性死亡率高于女性死亡率的占了 14 项，而女性死亡率高于男性死亡率的只有一项——糖尿病。

社会都要求男人是“强者”。泰坦尼克号快沉没了，“让女人和孩子先走！”——这是没有异议的铁定道德要求。男人要是流泪，会被认为是懦夫而遭唾弃。

其实，有些时候，男人有泪就挥洒，不仅无损男人形象，反而尽显英雄本色。

历史上记载的"男子汉的眼泪"有很多。"座中泣下谁最多，江州司马青衫湿"，这是白居易对命运悲惨的歌女的怜悯之情；"出师未捷身先死，长使英雄泪满襟"，这是杜甫对诸葛亮壮志未酬而身先死的惋惜之情；"忽报人间曾伏虎，泪飞顿作倾盆雨"，这是伟大领袖毛泽东革命成功的豪迈之情。这些都是英雄泪。

情感要畅达，强忍眼泪无益于身体健康。这跟水龙头长年不开，水管内部会长锈梗塞是一样的道理。男人长期压抑等于慢性自杀。

朋友们，不要把男人的眼泪一概看作懦弱和无能，男人真实的眼泪是很可贵的。

心理拓展

防范性侵害

性侵害严重危害学生的人身安全和健康，特别是会对女学生的人身和心理造成重大伤害，严重影响学生的学习和生活，所以必须对性侵害加以预防。

1. 性侵害的预防

（1）作为个体的中学生，尽量不要单独外出，最好结伴而行。如果需要单独外出，要尽量避开隐蔽、狭窄、灯光昏暗的道路和场所，避免夜晚单独外出。

（2）积极参加学校举行的各种性教育活动，及时了解青春期卫生知识，树立正确的性道德，增强性防范意识。

（3）要注意不同场合自己的穿着，在缺乏安全感的地方，尽量不要穿过于暴露的衣服。

（4）作为个体的中学生，尽量不要出入各种娱乐性场所，这些场所发生危险的概率比较大。

（5）尽量少与陌生人说话、交往，尤其是作为个体的女学生遇到陌生人纠缠时，要想办法尽快摆脱。陌生人问路，尽量不要带路。向陌生人问路，不让其带路。不搭陌生人的车。

（6）与异性交往要注意尺度。不要轻易结识陌生朋友，不要与不认识的陌生人去陌生的场所。与异性交往要控制住感情，不要在交往中表现得轻浮。

（7）作为个体的中学生要行为端正，态度明朗。如果自己行为端正，坏人便无机可乘；如果自己态度明朗，对方就会打消念头，不再有任何企图。

（8）夜间如有人敲门问询，要问清是谁再开门。如发现有人想撬门砸窗闯进来，全室同学要一起呼救，并准备可供搏斗的工具，做好齐心协力反抗的准备。

（9）周末或节假日，其他同学回家，最好不要独自一人住宿。回宿舍就寝时，要留心门窗是否敞开，防止有犯罪分子潜伏伺机作案。如遇异常情况，可请一两位同学同时进去，以确保安全。

2. 性侵害危机的应对

（1）品行端正，谨慎待人处事。对于不相识的异性，不要随便说出自己的真实情况；对特别热情的异性，不管是否相识，都要倍加注意。不贪慕虚荣，不接受一定程度的馈赠，以免自己受制于人。一旦发现某异性对自己不怀好意，甚至动手动脚或有越轨行为，一定要严厉拒绝、大胆反抗、坚决说“不”。

（2）学点防身术（图5-1），正当防卫，提高自我防范的有效性。一般女性的体力均弱于男性，防身时要把握时机，出奇制胜，狠、准、快地攻击其要害部位，这样即使不能制服对方，也可制造逃离险境的机会。无力反抗时，也要记清犯罪分子的体貌特征，或在犯罪分子身上留下抓痕，保护好现场和物证，便于破案。

（3）依靠组织、相信法律。在发现对方有不轨行为时，要及时向老师、家长汇报，依靠组织妥善处理，防止发生意外事件；在发生意外事件后，要及时向公安部门报案，请求对嫌疑人进行法律制裁。要善于保留物证、掌握证据，以便协助公安机关惩治犯罪分子。

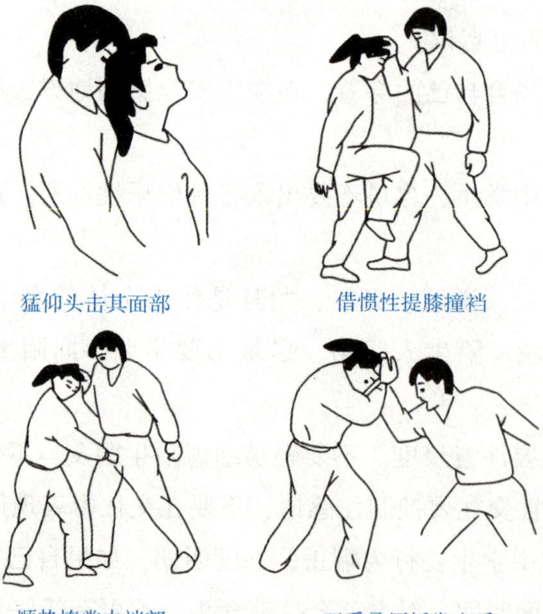

猛仰头击其面部　借惯性提膝撞裆

顺势撩掌击裆部　双手叠压抓发之手

图5-1　防身术

趣味测试

性别角色测量

请你根据自身的情况，在表5－2中逐条从1（不正确或几乎不正确）到7（总是正确或几乎总是正确）的尺度上给自己打分。

表5－2　贝姆性别角色量表（BSRI）

1. 自我信任	2. 柔顺	3. 乐于助人	4. 维护自己的信念
5. 快活的	6. 忧郁的	7. 独立的	8. 害羞的
9. 诚心诚意	10. 活跃的	11. 情意绵绵	12. 夸耀的
13. 武断的	14. 值得赞赏的	15. 幸福的	16. 个性坚强的
17. 忠诚的	18. 不可捉摸的	19. 遒劲有力的	20. 女性的
21. 可信赖的	22. 善于分析的	23. 表示同情的	24. 嫉妒的
25. 具有领导能力的	26. 对他人的需求敏感	27. 诚实的	28. 乐于冒险
29. 有理解力的	30. 守口如瓶	31. 易于做出决策的	32. 有同情心的
33. 忠厚老实	34. 自足的	35. 乐于安抚受伤的感情	36. 自高自大
37. 有支配力的	38. 谈吐柔和的	39. 值得喜欢的	40. 男性的
41. 温和的	42. 庄严的	43. 愿意表明立场的	44. 温柔
45. 友好的	46. 具有侵犯性	47. 轻信的	48. 无能的
49. 像个领导	50. 幼稚的	51. 适应性强的	52. 个人主义的
53. 不讲粗俗话的	54. 冷漠无情	55. 具有竞争心的	56. 热爱孩子的
57. 老练得体的	58. 雄心勃勃	59. 温文尔雅	60. 保守

说明：男性化得分是1，4，7，13，16，19，22，25，28，31，43，46，55，58这些项目的总分除以14；女性化得分是11，14，17，23，26，29，32，35，41，44，56，59这些项目的总分除以12。如果只有男性化量表高于4分就是男性化，只有女性化量表高于4分就是女性化，两个都低于4分就是未分化。男性化量表得分和女性化量表得分都大于4分，就是双性化。大部分研究都认为双性化的个体具有较高的自尊、较少的心理疾病、较好的社会适应能力，而且双性化的人比其他类型的人更受欢迎。

提示：以上测验仅供参考，不必刻意“对号入座”。如果你想对自己的性别角色有进一步的了解，可到学校心理辅导室求助。

活动十二 爱的真谛

春是自然界一年中的新生季节，而人生的新生季节，就是一生只有一度的青春。

——西塞罗

课堂引入

初恋的终结：美丽的幻想破灭

在学校的最后一年，我暗恋上一位可爱的女孩。没有常常见面，甚至没有好好说过一次话，完全像做梦一样，初恋的悸动让我夜不能寐。当时，我还试着写了两首短诗，整个身心浸透着一股愉悦感，几乎忘掉恋爱的烦恼。不久，她去学声乐，我很想听听她的歌声。过了几个月，在聚会上，我怀着异常紧张的心情等待着我心目中的完美女神为我而歌。前奏之后，她放开歌喉。唉！她的歌声实在难听，难听得使我不得不为她感到悲哀。我曾有过的烦恼和困惑变为了同情，然后是沉默。此后，我对她的恋情便荡然无存，心情也归于平静和舒坦。

想一想：

1. 原本美好的感觉，后来怎么会因为听到那难以入耳的歌声就荡然无存了呢？

2. 青春期恋爱的特点是什么？

处于青春期中，随着个体意识的萌发、独立意识的增强、身体生理的变化，个体会变得渴望与异性交往，这是一种正常的心理现象，处理好了能够提高个体的心理健康水平，使个体平稳地度过青春期，处理不当则会影响他们自身的发展。

一、爱 VS 迷恋

爱是清晰的、明智的，包括理智、情感、意志，是在了解对方的基础上欣赏其长处，接纳其短处。迷恋往往是盲目的，只考虑感情，只看到对方吸引自己的地方。

爱是会增长的，时间愈长，往往爱得愈深。迷恋是会萎缩的，随着时间推移，感觉会越来越淡。

爱是无条件的，往往以对方这个人为中心，愿意为对方付出一切代价，甚至是生命的代价。迷恋是有选择性的，往往以对方所拥有的条件为中心。如美貌、才华、财富等。迷恋并不为对方负责任，更多的是关注自己的感觉。

课堂活动

让爱等候

“爱情”是个令人向往的词，年轻的心为爱悸动、为爱欢笑、为爱流泪。爱情究竟是什么？

爱，是个厚重而圣洁的话题。而青春期的男生、女生之间发生的故事，像一颗又酸又甜又青涩的果子，它能被称为“爱”吗？该如何对待发生在你和他（她）之间的这种“爱”？

我的爱情观

1.
2.
3.
4.
5.

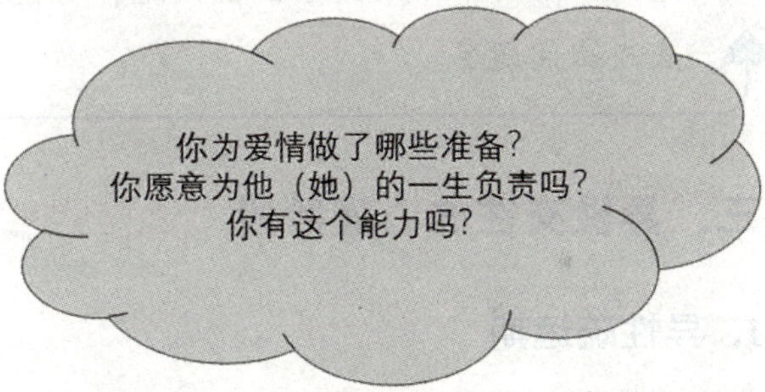

二、爱情三角形理论

罗伯特·斯腾伯格（Robert Sternberg）提出了一个关于爱情本质的三角形理论（图5－2）。他的理论认为构成爱的要素有三种，分别是：激情、亲密和承诺。

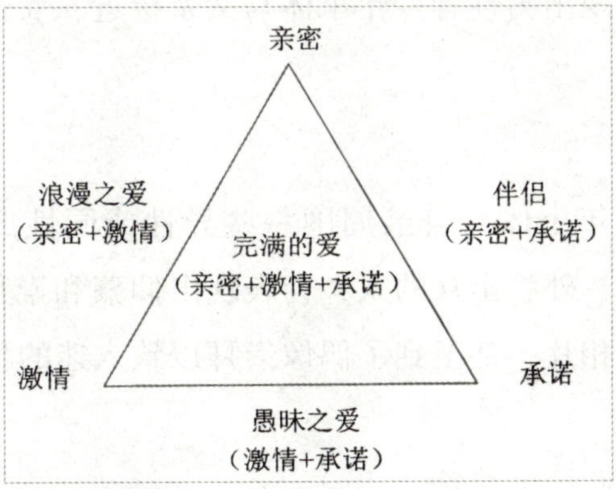

图5－2 爱情三角形理论

1. 激情——爱情的动机成分，是区分爱情的爱与其他的爱的重要标志，容易唤起，但在长久的关系中也易于消退。

2. 亲密——爱情的情感成分，是一种真正喜欢对方和渴望建立更有凝聚力的和谐关系的情感。信任、耐心和容忍是它的重要特性。

3. 承诺——爱情的认知成分，是做出爱一个人的抉择，并为之付出努力。尊重、责任、奉献、关心等是它的重要特征。

课堂思考

爱情的正三角形是一种理想情形，不等边的三角形或者缺少了一条边或两条边的三角形，会是怎样的情形呢？

____

____

提示：爱情三角形理论，向我们展示了两个彼此爱恋的人的感情状态。如果两个人的关系出了问题，可能是因为他们的三角形的某个边缺失或出问题了。

三、异性交往的心理阶段

1. 异性疏远期

在发育初期，由于性生理发育和第二性征出现了明显的变化，青少年个体会不同程度地意识到两性的差别，并对自身所发生的变化感到迷惑不解、羞涩不安。在一个较短的时期内，他们总想远离异性。比如，在课桌上画所谓的“三八线”；在学习和游戏中，男女截然分群。即使需要互相接近和交谈，双方也都保持着一定的距离；甚至在家里也表现出男性青少年个体与父亲接近，女性青少年个体更愿意跟母亲说悄悄话的现象。

2. 崇拜长者期

在发育中期，青少年个体对自己周围一些异性或同性成年长者，如老师、熟人、影视明星以及学识、外貌出众的人，会表现出仰慕和崇拜，并有意识地模仿其言行举止，收藏和张贴相片，甚至到了偶像崇拜以致入迷的程度。

3. 异性接近期

在发育后期，随着性发育的逐渐成熟，男女青年个体开始对与自己年龄相近的异性发生越来越浓厚的兴趣，表现出喜欢、羡慕异性和彼此吸引的心理，开始友好地对待和欣赏异性，总想以各种方式接近异性，以此引起异性注意。

4. 浪漫恋爱期

在度过发育期之后，青年个体的性生理和心理已发育成熟，开始步入成年。随着各种社会交往活动的广泛开展，青年个体对异性的爱慕会更加热情主动，并开始把自己的爱慕集中表现在某一个具体异性身上，这就进入了恋爱期。

中职生的年龄段正处于青春发育的中后期，男女个体彼此感兴趣，但这个阶段的他们还处于学习知识和技能的时候，如果将大量的时间用在异性交往上面，可谓得不偿失，本末倒置。因此，中职生需要有限度、有节制地与异性交往，将注意力放在学习专业知识技能上，待自身心智发展成熟，走向恋爱和婚姻就是自然而然的事情了。

课堂思考

在校园生活中，我们总会遇到各种各样的情感困惑，有些是羡慕别人交了男/女朋友，有些是渴望交男/女朋友，有些是不敢与异性交往。以下为男女生交往的案例。

案例一：老师你好，我是一名高一汽修班的学生。进入高中以来，我感觉很孤独，看见别的同学找到女朋友了，我很羡慕，我也十分想跟别人交往，尤其是异性同学，我该怎么办？

案例二：青春期的我们，总会有那么一点小心思，总是喜欢和她/他斗嘴，看着她/他生气的脸，心里不住地埋怨自己为什么又让她/他生气了，可脸上却又用一副满不在乎的表情掩饰着自己的那一点小心思。上课时，常常望着她/他的背影发呆，却没那个勇气和她/他诉说，每次都告诉自己：“下次，等下一次，我一定告诉她/他。”就这样，等了又等，直至毕业，都没能对她/他说出自己的那一点小心思。

想一想：如果你是故事中的主人公，你会怎么做呢？

____

____

提示：进入青春期后，随着生理的日益发育成熟、性意识的萌发，男女生都会对异性产生好感和爱慕，希望与有好感的异性相互接近、了解、交往并结为朋友，这是非常正常的心理现象。

四、青春期异性交往的原则

青春期的异性交往需要遵守以下几项原则。

1. 发现自我，完善自我，增强魅力

挖掘自身存在的价值，不断提高自身的德才与学识，博得众人的欣赏与赞美。

2. 集体交往，尽量避免个别朋友的密切交往

集体交往可以吸收多个异性的优点，缓解初次与异性交往的羞涩与困窘。男女生交往中，不搞一对一的频繁接触，不交单一固定的异性伙伴。

3. 自然交往

交往时，我们的言语、表情、行为举止及情感流露要自然、顺畅，既不过分夸张，也不闪烁其词；既不盲目冲动，也不矫揉造作，要恰当地表现自己。

4. 适度交往

不要故意疏远，也不能过分亲密，要保持适当的心理和空间距离，做到诚恳待人和热情大方。

5. 保持独立

要有独立性，不能过分依赖朋友。每个人都应有自己独立的心理世界，要学会独立思考与感受。

6. 尊重对方

在交往中，要尊重对方，言行举止要留有余地，不要毫无顾忌。谈话涉及一些敏感话题时，要回避，不随便干扰对方。

7. 自尊自重

同异性交往时要自尊自重，不能自作多情。要注意衣着打扮和言行举止，不随意打闹和挑逗，身体接触要有分寸。

课堂活动

俗话说“男女搭配，干活不累”“同性相斥，异性相吸”，这个世界是由男女两性组成的，缺一不可。在你心目中，受欢迎的男（女）生形象是怎样的呢？现在请同学们准备好一张纸，剪成你喜欢的样式，然后在上面写出你心中的男（女）生形象，最后一起分享。

小故事

捉老虎

在中国，有一个流传很久的民间故事。有一个老和尚，抱养了一个小男孩，往后的十几年里，他们生活在深山古寺中，从未出过山门。男孩长大了，也当了和尚，此时老和尚才带着他来到山外，想让他看看外面的精彩世界。这一看却出了问题。

由于是第一次下山，小和尚对周围的一切都充满了好奇，看到什么都要问个究竟。当他看到穿着漂亮衣服的女子时，就问："师父，这些东西是什么？"老和尚一听，很不高兴，于是吓唬小和尚说："这些是老虎，要吃人的。"小和尚当时没再说别的，可回到寺里，一连好几天闷闷不乐。老和尚问他怎么回事，他说："师父，能不能给我捉只老虎来？"

通过这个小故事可以看出，一个从来没接触过女子的和尚，竟然也对被称为"老虎"的女子思念牵挂。可见，处于青春期的少男少女，对异性产生好感是一种非常正常、自然的事，这是由青春期性心理发展特点决定的。

心理拓展

用一生说爱你

5岁的时候，我说我爱你，你歪着脑袋，眨着水晶般的大眼睛，疑惑地问我："什么意思呀？"

15岁的时候，我说我爱你，你的脸红得像火烧云，头深深地低着，摆弄着衣襟，你好像在笑。

20岁的时候，我说我爱你，你把头靠在我的肩上，紧紧地挽住我的手臂，像是下一秒我就要消失一样。

25岁的时候，我说我爱你，你把早餐放在桌上，跑过来刮了一下我的鼻子说："知道了，懒虫，该起床了。"

30岁的时候，我说我爱你，你笑着说："你呀！要是真的爱我，就别下了班到处跑，还有，别再忘了我叫你买的菜。"

40岁的时候，我说我爱你，你边收拾碗筷边面无表情地嘟囔着："行了，行了，快去帮孩子复习功课去吧。"

50 岁的时候，我说我爱你，你打着毛线头也不抬：“真的？你心里是不是巴不得我早点儿死掉？”然后就“咯咯咯”地笑个不停。

60 岁的时候，我说我爱你，你笑着捶了我一拳：“死老头子，孙子都这么大了，还贫嘴。”

70 岁的时候，我们坐在摇椅上，戴着老花镜，欣赏着50年前我写给你的情书，我们已经布满皱纹的手又握在了一起，那时候我说我爱你，你深情地望着我，你那已经满是皱纹的脸仍是那么美丽……

炉子上的开水“咕嘟，咕嘟”地冒着水汽，温馨的暖意充满了整个屋子……

80 岁的时候，你说你爱我。

我什么也没说，因为我流泪了，但那是我人生最最快乐的日子，因为你终于说出了那句“我——爱——你”。

趣味测试

鲁宾爱情量表

鲁宾将爱与喜欢分为两种不同的性质和情绪状态。这样可能有助于大家做出正确的判断，获得更完美的结果。请针对自己的实际情况对表 5－3 和表 5－4 中的陈述，做出判断。符合，计 1 分；不符合，计 0 分。

表 5－3　爱情量表

条目内容	符合	不符合
1. 他（她）情绪低落的时候，我觉得很重要的职责就是使他（她）快乐起来	1	0
2. 在所有的事情上我都可以信赖他（她）	1	0
3. 我觉得要忽略他（她）的过失是一件很容易的事	1	0
4. 我愿意为他（她）做所有的事情	1	0
5. 对他（她），有一点占有欲	1	0
6. 若不能跟他（她）在一起，我觉得非常不幸	1	0
7. 假使我很孤寂，首先想到的就是要去找他（她）	1	0
8. 他（她）幸福与否是我很关心的事	1	0

（续表）

条目内容	符合	不符合
9. 他（她）不管做什么，我都愿意宽恕他（她）	1	0
10. 我觉得他（她）得到幸福是我的责任	1	0
11. 当和他（她）在一起时，我发现我什么事都不做，只是用眼睛看着他（她）	1	0
12. 若我也能让他（她）百分之百地信赖，我觉得十分快乐	1	0
13. 没有他（她），我觉得难以生活下去	1	0

表 5－4　喜欢量表

条目内容	符合	不符合
1. 当和他（她）在一起时，我发觉好像两人都有相同的心情	1	0
2. 我认为他（她）非常好	1	0
3. 我愿意推荐他（她）去做为人尊敬的事	1	0
4. 以我看来，他（她）特别成熟	1	0
5. 我对他（她）有高度的信心	1	0
6. 我觉得什么人和他（她）相处，大部分都有很好的印象	1	0
7. 我觉得他（她）跟我很相似	1	0
8. 我愿意在班上或团体中，做什么事都投他（她）一票	1	0
9. 我觉得他（她）是许多人中，容易让别人尊敬的一个	1	0
10. 我认为他（她）是十二万分聪明的	1	0
11. 我觉得他（她）在我所有认识的人中，是非常讨人喜欢的	1	0
12. 他（她）是我很想学的那种人	1	0
13. 我觉得他（她）非常容易赢得别人的好感	1	0

结果分析：比较前 13 项与后 13 项的分数，根据两个量表的分数，衡量是爱情还是喜欢。如果前 13 项的分数高，代表你对他（她）的感情中爱情成分居多；如果后 13 项分数高，代表你对他（她）的感情中喜欢成分居多。

提示：本测试仅供参考。

活动十三　恋爱红绿灯

青春是美妙的；挥霍青春就是犯罪。

——萧伯纳

课堂引入

张明与王娜的恋爱困境

张明和王娜在一起有半年了，张明发现王娜的兴趣和性格与自己都有很大的差异，似乎较难弥合，因此想终止这段关系。但王娜对张明有很深的感情，而且开始的时候，是张明追王娜的。如果这时候提出分手，一方面张明自己心中有愧；另一方面又怕王娜伤心不肯接受。张明为此而深深苦恼。

想一想：

1. 如果你是张明，你会如何做？
2. 如果你是王娜，你会如何面对？

中职生面对情感困惑，要学会调节自己的情绪，积极理智地处理问题。同时，也需要注意建立健康的恋爱观和价值观。

一、中职生在感情方面常见的心理问题

1. 因寂寞而恋爱

职业学校的学习生活难免枯燥、单调，加上远离亲人和朋友，一些中职生就会感到格外孤单、寂寞。由于中职生正处于青春期后期，异性间的吸引自然而强烈。为了打发单调的生活，不少中职生就开始用谈恋爱的方式弥补内心的空虚，驱除内心的烦闷，这是一种不负责任的表现。恋爱是为了找到与自己的理想、价值观一致的终身伴侣而进行的一种培养感情的活动，是一种高尚的精神生活，不是游戏。

虽然恋爱可以缓解寂寞，但是不能帮助摆脱寂寞。摆脱寂寞的有效方法是积极参加各种活动，培养广泛的兴趣爱好，不断塑造自信、热情、宽容、坚强、负责的良好个性，充分利用青春的大好年华学习知识和技能。这样既可以为未来的就业、自立打下良好的基础，同时也会赢得真正的爱情。一个知识贫乏、兴趣狭窄、不合群、生活懒散的人，在恋爱中是没有人格魅力的。

课堂思考

1. 对于你未来的男（女）朋友，你最看重的东西是什么？

____

____

2. 思考一下，你看重的这些品质或特点可以帮助你什么？

____

____

2. 错把好感当爱情

恋爱错觉是指处于恋爱阶段的青春期男女，在特定的条件下，接收信息的一方对信息产生误解而形成的对对方情感状态的误读。中职生经历了由性意识萌发到爱情的发生与发展的过程，对自身表现出来的一些心理和行为缺乏自我认识和调节。有的中职生会把对异性的好感当作爱情，陷入单相思或早恋；也有的中职生对异性间的正常交往大惊小怪，捕风捉影、乱点鸳鸯谱或者“起哄”，这使男女生之间的正常交往变了味儿，导致很多中职生对与异性交往如履薄冰。

好感是爱情的先决条件。心理学家认为，完整的爱情要经历三个发展阶段：好感、爱慕、相爱。好感与爱情还有很遥远的距离。如果错把好感当作爱情，就会给自己和对方带来许多烦恼。一方的拒绝会让另一方很尴尬，还有可能影响异性间正常的交往和友谊。遇到这种情况，作为当事人的你，也不要过分伤心、失望，要以理解、宽容的态度去对待对方，尊重对方对感情的认真态度；千万不要因为自己受到伤害而失去理智或报复对方。

3. 错把友谊当爱情

异性之间的正常交往有益于中职生身心的健康成长。异性之间的友谊与爱情是一种什么关系？首先，爱情的基础是异性间的友谊，但是异性间的友谊并不一定都能发展为爱情。从友谊到爱情，不仅要求双方在思想、志趣上一致，还对脾气、性格、社会条件等多方面有特殊的要求。爱情包含更加丰富和亲密的内容，这是友谊无法达到的深度和广度。有时，友谊为爱情铺设了道路，但是要真正走到爱情的道路上去，还需要许多特殊的条件。友谊是异性间的好感和喜欢，如果愿意与一位异性共同携手走过未来的人生，并具有排他性的更为亲密的关系时，友谊就有可能发展为爱情。

爱情是高层次的异性间的友谊，爱情关系应该包括友谊关系（指恋人间的）。纯洁的友谊是恋爱发展的生命力，恋爱的过程是友谊不断深化的过程。爱情的成功往往是友谊和恋爱互相交融、互相促进的结果。当这种交融和促进作用产生了爱情时，友谊还会存在于爱情之中（表 5 - 5）。

表 5 - 5　爱情与友谊的区别

对比项	爱情	友谊
交往人群	成熟的男女之间	不分年龄和性别
情感性质	以性成熟为生理基础，渴望对方成为终身伴侣的强烈情感	以共同的志趣、相同的爱好为基础的相互的敬佩之情
依恋程度	非常紧密，“一日不见，如隔三秋”	平平淡淡，君子之交淡如水
情感深度	全面地认识和心理相容，自我暴露很深，是你中有我、我中有你的关系	可以是一方面交往，也可以是多方面交往
对象范围	专一的、排他的、不允许有第三者	具有广泛性，不排斥他人，可以有很多对象
交往方式	隐秘的、封闭的	公开的，开放的
持续时间	比较稳定、持久，生死与共，相守一生	易变的、阶段性的、暂时的、持久的
承担责任	承担社会责任、道德责任、法律责任	承担道义上的责任
发展前途	以婚姻的形式共同生活，共同抚育后代，生死相依	生活、利益各自独立，可以一生交好

4. 失恋问题

中职生失恋后，常常出现这些消极的情绪和心态。一是心灰意冷，陷入自卑和迷茫之中。认为自己是个失败者，对未来失去信心，慢慢走向怯懦封闭甚至产生绝望、轻生的想法与行为，成为爱情的牺牲品。二是不肯相信失恋是真的，对爱情仍充满幻想，活在对美好爱情的回忆里，或者对分手的对象一往情深，不能自拔。三是因为失恋绝望、愤怒，失去理智，纠缠着对方不放、产生报复心理和行为，造成违法犯罪的后果。还有的失恋者开始愤世嫉俗，怀疑一切，看到别人恋爱就嫉妒，爱发牢骚；或从此玩世不恭得过且过。

由于中职生的性心理发育还不成熟，社会经验不足，交往中情感自控力较差，又很敏感，更容易失恋，失恋后造成的心理伤害也更严重。有的中职生甚至把爱情当作生活的全部，不管学业与未来的生活，一旦失恋就深陷其中，有时甚至会自我否定、自我毁灭。所以，经济尚未独立、思想尚未成熟、情感尚且幼稚的中职生，还是不要过早地涉入爱河。当个性完善、思想成熟、经济独立的时候，采摘的爱情之果才会甜美。如果没有准备好，就将内心的美好感情暂时冷冻，以免给自己和对方带来不必要的心理负担和心理创伤。

课堂活动

寻找失恋的十大好处

目的：积极面对失恋，顺利度过失恋挫折期。

1. 列举失恋后的好处，以下面的句型为模板，写成十句话。

因为我失恋了，所以我获得了________________。

因为我失恋了，所以我获得了________________。

因为我失恋了，所以我获得了________________。

因为我失恋了，所以我获得了________________。

因为我失恋了，所以我获得了________________。

因为我失恋了，所以我获得了________________。

因为我失恋了，所以我获得了________________。

因为我失恋了，所以我获得了________________。

因为我失恋了，所以我获得了________________。

因为我失恋了，所以我获得了________________。

2. 找出最合理、最可行的建议，以此作为自己的情感自卫盾牌。

二、男生女生红绿灯

男生女生交往应如何把握分寸，怎么提高与异性交往的水平呢？请看表5－6。

表5－6　男生女生红绿灯

男生		女生	
绿灯	红灯	绿灯	红灯
要尊重、关心、帮助女生	不要开低俗的玩笑	自尊自爱，避免与异性过分热情和亲近	不盲目地接受求爱
服装要庄重整洁，自然得体	不要动手动脚，触摸异性的身体	要分清友谊与爱情的界限	服装不要过紧或太暴露

（续表）

男生		女生	
要注意交往的时间和地点	不单独与异性约会	要理智地对待异性的爱慕和追求	不在黑夜及僻静处与异性单独相处
言行要有节制和分寸，把握好交往的限度和分寸	不随便约单个异性到家，不随意在外过夜	要时刻不忘自己的性别身份	不要与不了解的异性约会
有保护女同学的责任感	不盲目模仿影视文艺作品中的情节	要主动抵制黄色淫秽书刊、影视和其他不良文艺作品	不轻信异性的甜言蜜语，抵制金钱、物质的诱惑
要见义勇为，保护女生不受侵害	不做任何超越友情的事情	要态度坚决地制止异性对自己动手动脚	不轻易听从陌生异性的指令

三、如何提出分手

随着青春期心理、生理的发展，学习压力减少，作为青年初期的职校生对异性充满好感，稍不留神就坠入了爱河。可是青春期心理发展特点决定了他们的爱情往往是由于过分迷恋对方的外表所致，来得快，去得也快。但这种快餐式的爱情往往给对方留下了不可磨灭的创伤。因此，学会如何提出分手，减少彼此的心理伤害显得非常重要。

1. 要想清楚自己为什么要提出分手

不是冲动，不是头脑发热，而是经过深思熟虑、冷静思考的，这样才能让对方信服。

2. 坦率而明确地告诉对方，并让对方清楚地了解你的想法

不要遮遮掩掩，找各种理由推搪，而是开诚布公，真实面对自己的感情问题，承担自己的责任。

3. 尊重对方

曾经在一起的日子毕竟还是有过快乐欢笑的，不要分手了就把对方说得一无是处，到处说对方的坏话，败坏他（她）的名声。这是对对方的不尊重，也是对自己的否定。

4. 注意提出分手的时间和地点

不要选择偏僻安静、可能发生危险的地方，例如河边；最好选择公开场合，例如餐厅，闹中有静；时间最好不要在晚上、下雨天，容易诱发人的悲伤情绪。

5. 避免做出让对方误解的举动

既然要分手了，就要分得彻彻底底，不要拖泥带水。

6. 找熟人朋友支持

如果担心对方难以接受这个事实，可以事先约好两人都熟识的朋友，在对方需要时给予支持，以免发生意外。

小故事

苏格拉底谈失恋

苏（苏格拉底）：孩子，为什么悲伤？

失（失恋者）：我失恋了。

苏：哦，这很正常。如果失恋了没有悲伤，恋爱大概也就没有什么味道。可是年轻人，我怎么发现你对失恋的投入甚至比对恋爱的投入还要倾心呢？

失：到手的葡萄给丢了，这份遗憾，这份失落，你非个中人，怎知其中的酸楚啊！

苏：丢了就丢了，何不继续向前走去，鲜美的葡萄还有很多。

失：我要等到海枯石烂，直到她回心转意向我走来。

苏：但这一天也许永远不会到来。

失：那我就用自杀来表示我的诚心。

苏：如果这样，你不但失去了你的恋人，同时也失去了你自己，你会蒙受双重的损失。

失：踩她一脚如何？我得不到的，别人也别想得到。

苏：可这只能使你离她更远，而你未来是想与她更接近的。

失：你说我该怎么办？我可真的很爱她。

苏：真的很爱？那你当然希望你所爱的人幸福。

失：那是自然。

苏：如果她认为离开你是一种幸福呢？

失：不会的，她曾经跟我说，只有跟我在一起的时候她才感到幸福。

苏：那是曾经，是过去，可她现在并不这么认为。

失：这就是说，她一直在骗我？

苏：不，她一直对你很忠诚。当她爱你的时候，她和你在一起。现在，她不爱你，她就离去了，世界上再没有比这更忠诚的了。如果她不再爱你，却还装得对你很有情谊，甚至跟你结婚、生子，那才是真正的欺骗呢。

心理拓展

失恋后怎么办？

失恋的不良心态会损害身心健康，造成一系列的社会问题。失恋者要尽快走出痛苦，学会自我调整。必要时，要求助专业的心理咨询师帮助自己渡过难关。

方法一：向家人和朋友倾诉。失恋者遭受失恋的打击后，会陷入悔恨、懊恼、失望、孤独、愤怒、抑郁等不良情绪之中。这时，需要找一个知心朋友或者家人进行倾诉，释放压抑的心理负担。一旦把自己的苦闷说出来，得到朋友、亲人的关心和支持，就会较快地走出最痛苦的时期。

方法二：写日记或文章宣泄。如果身边没有朋友、亲人，无法得到直接帮助，可以用写信、写文章的形式，把痛苦宣泄出来，使心情平静下来。

方法三：参加各种活动，转移注意力。原来成双成对，现在变成一个人了，所以失恋者对于独自一个人的状态非常抵触。很多失恋者发现自己突然有了很多的空闲时间，不知如何打发。这时候，失恋者可主动参加各种活动，转移对失恋的注意力，在空落落的心里填入友谊、学业、个人发展等内容。把心里积累的能量用在这些方面，就会发现另一个有价值、有意义的自我。

趣味测试

你是否拥有正确的爱情观？

1. 你认为恋爱作为人生一个极其重要的环节，其最终所达到的目的应当是________

A. 找到一个情投意合的爱侣。

B. 成家过日子，抚育儿女。

C. 满足性需求。

D. 只是觉得新鲜有趣，没有明确的想法。

2. （以下两小题男女单独做）

（1）你是小伙子，你对未来妻子最主要的要求是________

A. 善于理家做活，利落能干。

B. 容貌漂亮，温柔可人。

C. 人品不错，能体贴帮助自己。

D. 只要爱，其他一切无所谓。

（2）你是个姑娘，你对未来丈夫最主要的要求是________

A. 潇洒大方，有男子风度。

B. 有钱有势，社交能力强。

C. 为人诚实正直，有进取心，待人和蔼可亲。

D. 只要他爱我，其他都不考虑。

3. 你决定和对方建立恋爱关系时的心理依据是________

A. 彼此各有千秋，但大体相当。

B. 我比对方优越。

C. 对方比我优越。

D. 没想过。

4. 你对最佳恋爱时间的考虑是________

A. 自己已经成熟，懂得人生的意义和爱情的内涵，并且确定了事业上的主攻方向。

B. 随着年龄的增大，自有贤妻或好丈夫光临，“月老”不会忘记每个人的。

C. 先下手为强，越早越主动。

D. 还没想过。

5. 你希望自己是怎样结识恋人的________

A. 青梅竹马，情深意长。

B. 一见钟情，难分难舍。

C. 在工作和学习中逐渐产生感情。

D. 经熟人介绍。

6. 你认为推进爱情的良策是________

A. 极力讨好取悦对方。

B. 尽力使自己变得更完美。

C. 百依百顺，言听计从。

D. 无计可施。

7. 你希望恋爱的时间是________

A. 越短越好，最好是“闪电式”。

B. 时间依进展而定。

C. 时间要拖长些。

D. 自己无主张，全听对方的。

8. 谁都希望全面地了解对方，你觉得了解他（她）的最佳途径是________

A. 精心布置特殊场面，连连对恋人进行考验。

B. 坦诚相待地交谈，细心地观察。

C. 通过朋友打听。

D. 没想过。

9. 你十分倾心的恋人，随着时间的推移，暴露出一些缺点和不足，这时候你________

A. 采取婉转的方式告知并帮助对方改进。

B. 因出人意料而伤脑筋。

C. 嫌弃对方，犹豫动摇。

D. 不知道如何是好。

10. 当你初涉爱河之后，一位条件更好的异性对你表达爱慕，于是你________

A. 说明实情，挚情于恋人。

B. 对其冷淡，但维持友谊。

C. 瞒着恋人与其来往。

D. 感到茫然无措。

11. 当你倾慕某一异性已久并发出爱的信息时，你忽然发现他（她）另有所爱，你会________

A. 静观其变，进退自如。

B. 参与角逐，继续穷追。

C. 抽身止步，成人之美。

D. 不知道。

12. 恋爱进程很少会一帆风顺，恋爱中出现了矛盾、波折，你________

A. 认为最好平顺些，既然已经出现了，也是件好事，双方正好趁此了解和考验对方。

B. 感到伤心难过，认为这是不幸。

C. 疑虑顿生，就此提出分手。

D. 没对策。

13. 由于性情不合或其他原因，你们的恋爱搁浅了，对方提出分手。这时候你________

A. 千方百计缠住对方。

B. 到处诋毁对方名誉。

C. 说声再见，各奔前程。

D. 不知所措。

14. 你十分信赖的恋人背信弃义，喜新厌旧，甩掉你以后，你________

A. 当自己眼睛认错了人。

B. 你不仁，我不义。

C. 吸取教训，重新开始。

D. 痛苦得难以自拔。

15. 你爱途坎坷，多次恋爱均告失败，随着年龄增长进入“老大难”的行列，你________

A. 一如从前，宁缺毋滥。

B. 讨厌追求，随便凑合一个。

C. 检查一下选择标准是否实际。

D. 叹息命运不佳，从此绝望。

计分方法：

题1：A 3 B 2 C 1 D 1　　题2：A 2 B 1 C 3 D 1

题3：A 3 B 2 C 1 D 0　　题4：A 3 B 2 C 1 D 0

题5：A 2 B 1 C 3 D 1　　题6：A 1 B 3 C 2 D 0

题7：A 1 B 3 C 2 D 0　　题8：A 1 B 3 C 2 D 0

题9：A 3 B 2 C 1 D 0　　题10：A 3 B 2 C 1 D 0

题11：A 2 B 1 C 3 D 0　　题12：A 3 B 2 C 1 D 0

题13：A 2 B 1 C 3 D 0　　题14：A 2 B 1 C 3 D 0

题15：A 2 B 1 C 3 D 0

结果分析：

35~45 分：科学正确。

你是一个成熟的青少年，你懂得爱什么和为什么爱。

25~34 分：尚可。

你向往真挚美好的爱情，却屡屡失败，不妨多看看成功人士，看看他们是如何追求美好感情的。

15~24 分：需要重新考虑。

你的恋爱观存在不少的问题，甚至有不健康之处，如果你已贸然坠入爱河，劝你及早退出。

7 个以上 0 分：还没形成。

爱情对于你是个迷茫的世界，你须防备圈套和袭击。建议等到稍许成熟些，再涉爱河也不迟。

通过以上的测验我们可能发现，其实我们很多时候并不真正了解爱情到底是什么。我们只知道爱情是山盟海誓、矢志不渝，却不知道爱情需要用心培养和爱护的。如果不能满足爱情生长的需要，爱情就会迅速枯萎。

活动十四　真爱要等待

青春是有限的，智慧是无穷的，趁短的青春，去学习无穷的智慧。

——高尔基

课堂引入

真爱要等待

在小旭刚踏入中职学校时，就有一位能歌善舞的女孩深深地吸引了他，这个女孩就是同班的文艺委员小灵。小旭开始寻找和小灵共同的兴趣爱好，总是与她聊天，邀请她一起活动。最终，小旭的阳光开朗也吸引了小灵，他们在一起了。但是，他们在一起之后却过得并不快乐。老师不止一次地找他们谈话，希望他们以学业为重，要求他们分手。面对着来自老师和学业的压力，小旭和小灵进退两难，原本活泼开朗的他们变得内向起来。

终于，他们推开了心理咨询室的大门，希望在这里寻求“解脱”。心理咨询师耐心地听完他们的“恋爱史”后，对他们的爱情表示理解，但也提出过早地品尝不成熟的爱情之果会感到苦涩。与其让压力的苦涩吞噬爱情原本的甜蜜，不如考虑把爱珍藏在心里，把精力放在学业和完善自我上，让自己更有能力，变得更加优秀，等到果子真正成熟了再去摘取。根据爱情三角形理论，爱情是由激情、亲密和承诺三点组成的，缺少哪一点都会变成残缺的爱，希望他们考虑自己想要拥有的是怎样的爱情。

走出心理咨询室后，小旭和小灵沉默着走了好久。“我们分开一段时间吧。”小灵率先打破了沉默。

“嗯，我不想给你一段残缺不全的爱，因为我现在还没有能力给你承诺。不知道多年以后，我们会变成什么样子。但我想，当我能靠自己的双手给你安定的生活，或许那时候的爱情才是真正甜蜜的爱情吧。”小旭认真地说。

“我等你。”小灵露出笑容，她的眼中还含着泪水，“我们的真爱，值得等待。”

从那天以后，小旭和小灵依旧会在校园里有说有笑，与以往不同的是，现在他们的关系更多了一份友情的坦然。他们彼此正朝着他们的约定方向努力。

想一想：小旭和小灵的经历带给你哪些感受？

当你和异性交往时，是否有过无法驾驭的情感？是否想过真爱需要等待？在等待中学习爱的能力，才能收获完整的甜蜜爱情。

一、爱的能力

爱是一种能力，爱是一门艺术。爱的能力和艺术包括给予他人爱的能力和艺术，接受他人爱的能力和艺术，拒绝爱的能力和艺术。爱的本质是理解、尊重、欣赏、责任、宽容的综合体现（图5－3）。

图5－3　发展爱的能力

恋爱是男女双方爱情从萌芽、开花到结果的过程，包括审美、激情等心理因素，也包括生理唤起和共同的生活愿望，是一种强烈的情感状态。恋爱成功，男女双方发展成夫妻关系；恋爱失败，则恋爱关系解体。

爱的能力是奠定爱情长久幸福的基础，是保持爱情之树常青的金钥匙。爱的能力，可以通过学习和有意识的练习获得。具体而言，爱的能力包含以下 10 种。

1. 了解的能力

爱一个人，就需要了解对方，包括其需要、兴趣、性格、经历、喜恶、家庭、朋友和同事。

2. 表达的能力

当你爱上一个人的时候，是否能在合适的时候用恰当的方式与得体的语言向对方表达出来，这就是表达爱的能力的体现。即便这种表达没有获得相等的回应，你也是一个能尊重他人的勇敢的人。

3. 情绪管理的能力

每个人只有首先管理好自己的情绪，才有能力去爱他人。不能管理好自己情绪的人，常常会让与自己相爱的人非常痛苦，容易伤害对方，甚至最终失去爱。

4. 分辨的能力

当一份感情向你走来时，你首先要分辨清楚，这是来自一般朋友的友爱，还是来自异性朋友的好感与喜欢，抑或是来自未来恋人的爱情，然后给予相应的回应。

5. 谢绝的能力

如果来到你身边的这份爱情，你经过慎重思考以后，认为自己不能给予对方同样的回应时，在不伤害对方自尊的条件下，巧妙并清楚地拒绝，这也是爱的能力的重要体现。

6. 亲密的能力

爱是一种主动和他人保持联系的能力，可以让个体克服孤独和分离的感觉，但同时需保持自己的独立性和完整性。有的人害怕亲密，担心与另一个人太亲近会受到伤害。这样就无法走进彼此的内心，无法建立安全、信任、连接的关系。

7. 接纳的能力

当爱情正向我们走来时，能坦然地接受这份爱，也是一种自信和自爱的表现。同时，要真正做到尊重对方，包括尊重对方的习惯、背景等独特性，尊重对方作为独特个体的特有价值。

8. 负责的能力

真正的负责是对自己负责、对自己的行为负责，而不仅仅是对对方负责、对爱负责。不管发生了什么事情，都愿意妥善地解决问题，使两个人的关系更加稳固、更加幸福。

9. 抗挫的能力

在爱情发展的过程中，难免出现一些不一致和不协调的地方，甚至还可能会有一些比较大的矛盾。正确处理爱的冲突和矛盾的能力，也是对爱的能力的考验。

10. 学习的能力

一个成熟的人，可以通过不断学习，提升自己的修养，完善自己的人格特征，处理爱情发展过程中的任何问题。

课堂思考

中职生是否拥有了爱的能力？男生女生交往应如何把握分寸？

____

____

____

____

____

二、为爱准备

1. 学会爱自己。让自己成为一个富有吸引力的人，快乐、自信、阳光、合群、坚强、勤奋、积极，然后才有可能获得别人的真爱。

2. 培养爱的能力，学习爱的艺术。学会倾听、共情、沟通，明晰地去分辨爱、善意地去谢绝爱、坦然地去承受爱、恰当地表达爱、勇敢地承受爱的挫折，成为自己未来幸福生活的创造者。

三、拒绝异性性要求的机智言语

1. 你太冲动了。如果你爱我，就应该尊重我。

2. 其实你都不知道我想要什么，这证明你根本不了解我。我要的是真正关心我、尊重我的人。

3. 爱不是这样证明的吧，我们冷静一下好不好。

4. 成熟的人做什么事都会想得清清楚楚，并会考虑后果。不如我们先讲一下做过之后，会有什么样的后果和责任。你说好不好？

课堂活动

看看你的判断力

判断下列各项说法是否合理，并写出理由。

1. 青少年还没有爱的能力和条件。

____

2. 好女孩是懂得爱护自己的。

____

3. 女孩用性来证明爱是愚蠢的，这可能是对方设置的圈套和陷阱。

____

4. 爱就要“不求天长地久，只要曾经拥有”。

____

5. 爱是责任、奉献、信任和尊重。

____

小故事

春天该忙春天的事

中职生小希，聪明伶俐，活泼开朗，品学兼优，是班主任的好帮手。作为班长，小希不但跟女生关系很好，跟班级的男生关系也很融洽，很多男生都喜欢和她交往。而且班上有几位男同学开始追求她，给她写情书，常常约她出去玩。

小希没有接受，也没有恼怒，总是笑眯眯地大方拒绝他们的情书和邀请；实在推不过的约会，就带班上好几个女生一起去；甚至有时会主动组织班级活动，让所有同学一起参加。这让男生们既无奈，又没有脾气。有关系好的同学问小希：“这么多男生追求你，你真的没有感觉吗？”小希说：“怎么会没有感觉呢，有优秀的男生表示喜欢我的时候，我也会动心。只不过对于我们而言，还不到恋爱成熟的时候。春天该忙春天的事，感情可以萌动，更要耕耘；等到秋天成熟了，再收获爱情的果实吧。”

心理拓展

异性效应

异性效应是一种普遍存在的心理现象。这种效应尤以亚成年个体为甚。其表现是有两性共同参加的活动，较之只有同性参加的活动，参加者一般会感到更愉快，表现也更出色。这是由于当有异性参加活动时，异性间心理接近的需要得到了满足，因此参加者获得了不同程度的愉悦感，同时激发了潜在的积极性和创造力。这就是男性和女性一起做事、处理问题都会显得比较顺利的原因。

异性效应发生的条件为：在一个集体中，异性个体数的构成，无论哪一方，不能少于所需要的最低比例——20%，而且，年龄要相差不大。

随着亚成年个体身心走向成熟，他们特别注意异性对自己的评价，常常寻找机会表现自己。在异性面前，他们重视个体的容貌和装束，更强烈地维护自尊心。这本身便是一种道德约束力。

综上可知，异性效应不是指男女之间日常的接触，而是异性在工作、学习、娱乐中，为了加深了解而有较多的接触交流，也是男女双方自觉自愿为了促进工作、丰富生活、愉悦感情的有益活动，而且还是多姿多彩生活不可缺少的部分。

过早性行为的危害

从健康的角度而言，我们不提倡青春期发生性行为。因为过早的性行为会对个体造成心理和生理上的伤害。

性行为本身应带有一种责任和互相给予，但是青春期的男生女生在心理上和生理尚未成熟，还没有能力承担性行为带来的责任和义务。因此，过早性行为使他们产生紧张、忧虑、较大的情绪波动及沉重的精神负担，如犯罪感、负疚感。过早性行为还有感染性疾病及艾滋病的危险；另外，过早性体验也可影响成年配偶的选择，给婚后的家庭生活带来阴影。

对于少女而言，过早性行为对她们的身心健康和一生的发展具有更大的危害。过早性行为可能导致非意愿怀孕。其危害主要有两方面。身体健康方面，少女的生殖器官发育尚未完全成熟，怀孕后易引发贫血、难产、感染、大出血等病症，人工流产易引起感染、不育等并发症。心理健康方面，怀孕及流产可使少女产生自卑心理，甚至丧失对未来生活的理想和信念，心理上的负罪感还可能引起心理紧张、失眠等神经性症状。

趣味测试

你能对爱情负责任吗?

以下每句话，请按照你的真实想法进行作答。1 表示“不同意”，2 表示“说不清”，3 表示“同意”，请在表 5－7 中每个项目后相应的数字上画“√”。

表 5－7　爱情责任感测量表

题目	选项
1. 我们还没有爱的能力和条件	1　2　3
2. 好女孩是懂得爱护自己的	1　2　3
3. 好男孩会尊重和爱护女生	1　2　3
4. 用性来证明爱是不可取的	1　2　3
5. “不求天长地久，只要曾经拥有”，这种爱是不完整的	1　2　3
6. 爱是责任、奉献、信任和尊重	1　2　3
7. 草率、过早发生性行为会对以后的生活带来不可估量的消极影响	1　2　3
8. 少女怀孕可能会造成永久的伤害	1　2　3

说明：将每个题目后所选数字相加即为总分。

1. 8～13 分：你对爱情的责任感不足，你可能把恋爱当成游戏，需要对恋爱有更多思考。

2. 14～19 分：你有一定的爱情责任感，但是对很多问题的认识还是模棱两可，缺乏原则性，还要不断学习和成长。

3. 20～24 分：你对爱情、对自己都很有责任感，你知道爱情是伟大而美好的。你愿意为爱而努力，为美好的明天而在今天不断拼搏。

提示：爱情不是生活中的调剂品，而是对终身伴侣的一个追寻过程。

心灵体验

全体同学起立，一起围成一个大圆圈，应注意尽量与异性同学分开。调整好位置后，伸出双手，用我们的双手为左右两边的同学揉揉肩、敲敲背。

互动过程中，与异性同学之间的活动和与同性同学之间的活动相比，你的感受是否一致？

____

____

在活动中，我们发现，很多同学在与异性的互动中会表现出一些尴尬，他们不愿意与异性有过多的身体接触，也不愿意一起做活动。

为什么我们会有这样奇怪的感受呢？这些感受又是从什么时候开始的呢？原来，我们的这些小心思是从青春期慢慢开始的。大家回忆一下，我们大概是从几岁开始进入青春期的？

____

____

话题六

学会管理　科学求知

学习目标

知识目标

☆了解快乐学习的概念，掌握学习动机的激发和培养途径。

☆了解学习的基本规律，培养提高记忆效果的习惯。

☆了解时间管理的概念及意义。

☆掌握时间管理的方法和原则。

能力目标

☆能积极归因，激发学习兴趣，培养学习动机。

☆能运用科学的学习方法提高学习效率。

☆提高规划和管理时间的能力。

素质目标

☆培养对学习的兴趣和积极态度，提高学习的主动性和自律性。

☆培养探索、思考和创新的能力，树立终身学习的理念。

☆培养解决问题的能力，学会面对学习中的困难和挑战，寻找解决的方法和策略。

活动十五　快乐学习

态度决定成败，无论情况好坏，都要抱着积极的态度，莫让沮丧代替热心。

——吉格斯

课堂引入

田蕾蕾的人生矛盾和心路历程

“你们听说了吗？田蕾蕾要退学了。”

这条新闻在商务班引起了强烈的反响。全班同学聚在一起热烈地谈论着这个话题，猜测着事情的真相。在他们眼里，田蕾蕾的退学太让人意外了，因为她是一个活泼、开朗的女孩，学习也很刻苦，一直是老师欣赏的学生。况且田蕾蕾读的专业是职业学校商务英语，这个专业很适合女孩子的未来发展，将来也能找到一份很好的工作。那么，究竟是什么原因让她产生了退学的想法呢？

此刻，田蕾蕾同学正坐在学校的心理辅导室里，向心理辅导老师讲述着自己的烦恼。她从小就喜欢服装设计，梦想着将来成为一名优秀的服装设计师，创建自己的服装品牌。可是，她的父母拒绝了她上服装设计专业的请求，坚持认为他们的选择才是最有利于她的发展的。就这样，田蕾蕾每天不得不强打精神去学习索然无味的商务课程，以此来换取父母的满意。平时和同学开开心心在一起的时候，她还会暂时忘记这些烦恼，可是当静下来时，她就会陷入深深的绝望中。她感觉自己在浪费青春。“一个人如果失去了实现理想的机会和奋斗的方向，生命还有什么价值和意义呢？”这些想法总是反复萦绕于脑中，甚至使她难以入睡。为此，她感到痛苦万分，于是想到了退学……

想一想：如果你是心理辅导老师，会给田蕾蕾提出哪些建议呢？

学习是一个既古老又常新的话题。古老，不仅体现在它的诞生时间上，更体现在有关学习的研究自古有之；常新，不仅体现在人们日常生活中常常提起学习的话题上，更体现在有关学习的问题还有许多待解之谜。

一、快乐学习的概念

快乐学习是指在学习过程中体验到愉悦、满足和积极情绪的学习方式。这种学习方式注重激发学生的兴趣、激情和动力，让学习成为一种愉悦的体验而不是一种压力。快乐学习的概念强调以下几个方面。

1. 融入兴趣

将学习与学生的兴趣相结合，通过生动有趣的教学方式，激发学生的内在动力和学习热情。

2. 自主学习

给予学生更多的自主权，让他们可以根据自己的需求和喜好选择学习内容和学习方式。

3. 互动体验

注重学习过程中的互动与体验，鼓励学生与教师之间、学生之间的积极互动，创造出融洽、活跃的学习氛围。

4. 尊重个体差异

充分尊重学生的个性和差异化需求，促进每个学生的个性化发展。

5. 跨界整合

注重不同学科之间的整合，帮助学生建立更全面的知识体系，激发他们的创造力和综合思维能力。

通过快乐学习，学生可以更加主动、积极地投入学习，从而更好地掌握知识和技能，培养终身学习的习惯，并在学习过程中获得更多的成就感和幸福感。

二、端正学习态度，培养独立学习习惯

学习是指通过阅读、听讲、研究、观察、理解、探索、实验、实践等手段获得知识或技能的过程，是一种使个体可以得到持续变化（知识和技能、方法与过程、情感与价值的改善和升华）的行为方式。

根据现代心理学理论，学习态度是指学生在学习过程中的行为倾向和投入程度，反映的是其对待学习的一种比较稳定的心理状态。学习态度对中职生的行为及学习效率会产生很大的影响，只有端正学习态度，才能充分利用在校期间的宝贵时光，学到扎实的知识，掌握真正的技能。因此，中职生应在学校期间培养勤奋、严谨、务实的学习态度。

建构主义学习理论认为，学习过程不是由教师向学生传递知识的过程，而是由

学生主动建构知识的过程。建构就是学习者通过新旧知识经验间反复的、双向的相互作用，来形成和调整自己的经验结构。在建构过程中，一方面，个体对当前信息的理解需要以已有的知识经验为基础；另一方面，在运用已有知识经验时，不只是简单地提取和套用，个体同时需要依据新的经验对它做出某种调整和改造。因此，中职生在学习时，要锻炼归纳总结、积极思考、阅读自学的能力，合理安排时间，摸索学习规律，养成独立学习的习惯。

课堂思考

情景剧欣赏

考试后，某班的两位同学坐在教室里闲聊。

甲："唉，这书读得真苦啊！"

乙："嗯，你这次考试考得怎样？"

甲："别提了，真是惨不忍睹啊，连哭的勇气都没了。"

乙："你平时挺努力的，怎么会没考好呢？"

甲："是啊，以前我是'希望之星'，现在就成'流星'了。看来，我真的不是学习的材料，再努力恐怕也没用了。你呢？"

乙："我？我跟你一样，以前也算'希望之星'，现在就成了'扫帚星'，但是我认为自己不笨。之所以落得今天这种地步，都得怪老师没有把我们管好教好。你想，学生没学好，不怪老师，还能怪谁呢？"

思考：甲、乙两位同学是如何看待学习成绩不理想这件事的？如果是你，以后会怎么做？

____

____

三、学习动机的激发和培养

学习动机是指个体内部促使其从事学习活动的内驱力或动力。学习动机反映个体的某种需要，同时也推动个体进行一定的学习活动以满足这种需要。学习动机一般表现为强烈的求知愿望、对未知世界的好奇心及兴趣，以及认真积极的学习态度等。

学习动机对学习有着重要的促进作用。中职生要想提高自己的学习成绩，很重要的一个方面就是要激发自己的学习动机，努力提高自己学习动机的水平。

1. 形成学习需要

一般而言，学习需要是健康个体固有的。激发个体的学习动机最重要的是要使个体明确意识到这种需要，进而使这种需要成为促进学习动机产生的直接原因。

2. 形成对学习的兴趣

兴趣是人们从事某种活动的强大动力之一。一个人对某些未知事物的强烈兴趣，会促使他产生了解该事物的强烈愿望，从而形成学习的动机。

3. 创造各种外部条件，满足个体学习的需要和兴趣

创造外部条件实际上是从动机产生的外在原因——诱因入手，以此来激发个体的学习动机。这些外部原因包括有趣的学习环境、浓厚的学习氛围以及对学习效果的及时反馈等。这些条件的满足会激发学生的兴趣及学习需要，从而使学生产生强烈的学习动机。

课堂活动

兴趣是最好的老师，强烈的兴趣通常意味着我们强大的内在需求和动机。请在表6－1中按照自己对所学科目的喜欢程度进行排序，分析自己对这门学科感兴趣的原因。

表6－1　学科排名表

排名	学科	原因	备注
1			
2			
3			
……			

1. 想一想，你是怎样对某一门学科产生兴趣的，与同学分享一下你的经历。

____

____

2. 讨论一下，对于自己不喜欢的学科，怎样把外在动机转化为内在动机。

____

____

四、积极归因

1. 归因及归因模式分析

归因是指人们对他人或自己行为原因的推论过程。具体而言，就是观察者对他人的行为过程或自己的行为过程所进行的因果解释和推论。我们面对任何一件事时，都会对它进行分析，并总结原因，而找到的原因会直接影响我们的行为过程。

我们一起来看一看表6-2，分析归因是怎样影响我们的行为模式的。

表6-2　成就行为的归因模式

积极的归因模式	(1) 成功→能力高→自豪、自尊→增强对成功的期望→愿意从事有成就的任务； (2) 失败→缺乏努力→内疚→相对地增强对成功的高期望→愿意并坚持从事有成就的任务
消极的归因模式	(1) 成功→运气→不在乎→很少增强对成功的期望→缺乏从事有成就任务的愿望； (2) 失败→缺乏能力→羞愧、无能感、沮丧→降低对成功的期望→避免或缺乏对有成就任务的坚持性

从表6-2中可以看出：

(1) 积极归因的学生无论经历成功或者失败，都会对未来的学习充满信心，因为他们把成功归因于自己的努力和能力等内部原因，所以能够产生积极而肯定的情感，激发自我的内在动机，从而变得更加自信；面对失败时，他们把失败归因于自我的努力或者策略应用的得当与否上，进而继续投入更多的精力，表现出更高的学习积极性。

(2) 消极归因的学生无论经历成功或者失败，都容易降低学习的成就动机，因为他们把成功的原因归结于运气好；失败的原因则归结于自己的能力低、脑子笨。而能力和智力是稳定的内部因素，因此他们会陷入对自身失望的状态，感到努力没有用，进一步导致自暴自弃、学习成绩下降，进而丧失学习兴趣。

所以，我们对自己进行积极归因训练，可以改变自己的消极归因倾向，使自己积极主动地参与、解决学习与生活中的各种问题，提高学习成绩。

2. 积极归因的训练方法

积极归因训练是一种促使学生形成积极归因方式的训练方法。积极归因是指个体对于事件结果的解释和归因方式，将成功和良好结果归因于自身的能力、努力和行动，而将失败和不良结果归因于外部因素或暂时的困难。

（1）自我观察和意识

首先需要自我观察和意识，注意自己在面对成功和失败时的归因方式。学生应意识到自己是否倾向于将成功归因于内部因素，并将失败归因于外部因素。

（2）意识到影响因素

接下来，应意识到影响成功或失败的内部和外部因素。学生需要明白自己的努力、技能、经验等内部因素，以及环境、机遇或其他人的行为等外部因素对结果的影响。

（3）推动积极归因

通过训练和指导，可以学习和培养积极归因的方式。学生可以学会将成功归因于内部因素，如自己的努力和才能。同时，将失败归因于外部因素，如不利的环境或不可控制的因素。

（4）培养乐观的心态

乐观的心态对于积极归因是至关重要的。学生需要培养积极、乐观的心态，相信自己可以通过努力和适应来取得成功。

（5）实践和反馈

学生需要将积极归因的方式应用于实际情境中，并接受来自他人和自身的反馈。通过实践和反馈，可以不断调整和改进自己的归因方式。

积极归因训练能够帮助学生树立自信心，增强自我效能感，促进积极的行动和心态。积极的归因方式有助于学生克服困难和挑战，增强适应能力，取得更好的学业成绩和个人发展。

五、如何缓解考试焦虑情绪

考试焦虑是一种情绪反应。心理学研究表明，考试中的适度焦虑有助于学生集中精力答题，而过度的焦虑则会影响学生的正常发挥，严重的甚至会影响学生的身心健康。对付焦虑最好的方法就是坦然面对它，接受它存在的合理性，承认自己确实存在某种程度的焦虑。你有理由相信：既然焦虑是我自己产生的，那么我必然也可以利用它带给我的积极影响，克服它带给我的消极影响。下面这些方法可以帮你有效缓解焦虑情绪。

1. 考试前做一些轻松、愉快的运动

运动的好处很多：消耗大脑中由于紧张引起的有害的化学物质；激活身体能量和精神力量。

2. 放松和呼吸

两手交叉，反向相握，用力向两边拉，使全身肌肉紧张。同时，深吸一口气，屏息一会儿，全身肌肉慢慢放松，同时徐徐呼气。重复做三至五次。

3. 按摩

用适当的力度按摩头面部的穴位。

4. 自我暗示

我只不过是把我已有的水平发挥出来而已。我一定能考好，我已经做好了充足的准备。

5. “断喝法”

在考试时，如果仍然有难以控制的消极情绪和想法，可以用拳头猛地砸自己的大腿一拳，并在心里对自己断喝一声“别想了”（注意不要喊出声）。接着，用力掐一下自己的皮肤。这一方法在实践中被证明非常有效。

小故事

世界冠军邓亚萍

邓亚萍，5岁的时候就开始学打乒乓球，因为个子太矮曾被省队排除在外，还遇到过各种困难。但是她一直刻苦训练，从不放弃。因为她从小就知道：别人说你不行，你就要自己争口气，要加倍苦练才行。最终，她成为世界女子乒乓球界的奇女子。退役后，邓亚萍进入清华大学英语专业求学，在其后11年时间里，她获得了清华大学学士学位、英国诺丁汉大学硕士学位以及剑桥大学博士学位。从普通运动员到奥运冠军和剑桥博士，邓亚萍一直通过自己的努力，把不可能变成可能。她的传奇经历，使她成为很多中国人的榜样和精神偶像。

心理拓展

耶克斯-多德森定律

有些同学可能在以往的学习经历中会发现，强烈的学习动机有时候并没有带来更高的学习效率和更好的学习成果。这是因为动机水平和行为效果是一条倒U形曲线关系，也就是我们所说的耶克斯-多德森定律（图6-1）。

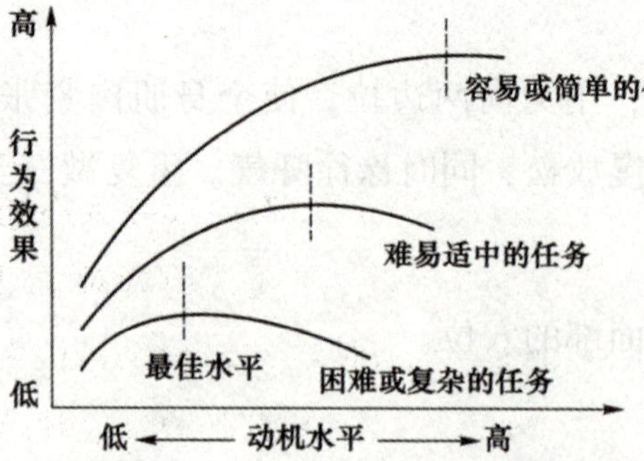

图 6－1　耶克斯–多德森定律

心理学家耶克斯和多德森的研究表明，动机强度与学习效率之间的关系并不是一种线性关系，而是倒 U 形曲线关系，中等强度的动机最利于任务的完成。研究还发现，动机的最佳水平随着任务性质的不同而不同，在比较容易的任务中，工作效率随动机的提升而上升；随着任务难度的增加，动机的最佳水平有逐渐下降的趋势，即在难度较大的任务中，较低的动机水平有利于任务的完成。

趣味测试

你有厌学情绪吗？

对下列题目做出“是”或“否”的回答，并在回答“是”的题目后打“√”，在回答“否”的题目后打“×”。

1. 我认为学习一点儿意思也没有。(　　)
2. 我是迫于形势才不得不学习的。(　　)
3. 我一学习就觉得没劲。(　　)
4. 在现代社会里，学习没有什么用。(　　)
5. 我认为学习是件苦差事。(　　)
6. 到学校去上学简直是件苦差事。(　　)
7. 我学习只是为了父母。(　　)
8. 我对学习没什么兴趣。(　　)
9. 一上课，我就无精打采。(　　)
10. 上课时老师讲的内容我总是似懂非懂。(　　)

11. 我常常抄同学作业。(　　)

12. 我即使无事可做，也不愿意学习。(　　)

13. 我认为自己不是读书升学的料。(　　)

14. 我上学只是为了消磨时光。(　　)

15. 我上学经常迟到、早退。(　　)

16. 我和老师的关系比较紧张。(　　)

17. 我上课注意力不集中，常常走神。(　　)

18. 我认为学习简直是活受罪。(　　)

19. 我每天到学校只是为了混日子。(　　)

20. 我在学校里是做一天和尚撞一天钟。(　　)

21. 我认为上学只是为了拿一张文凭。(　　)

22. 我的作业常常不能独立完成。(　　)

23. 我最头痛的一件事就是考试。(　　)

24. 我真盼望早点毕业。(　　)

25. 我盼望早点离开学校，以求得解脱。(　　)

26. 我对玩耍、逛街、打游戏机、看录像等活动很感兴趣。(　　)

27. 我经常旷课。(　　)

28. 我一拿起书本就感到头痛。(　　)

29. 课堂上老师讲的课我根本听不懂，也不想去弄懂。(　　)

30. 考试，考好、考坏我都无所谓。(　　)

31. 我上课时常做一些与学习无关的事。(　　)

32. 我常为自己的前途担忧。(　　)

评分规则：

每题选择“是”，计 1 分；选择“否”，计 0 分。然后将各题得分相加，得出总分。

得 0 ~ 10 分，为轻度厌学情绪；得 11 ~ 22 分，为中度厌学情绪；得 23 ~ 32 分，为重度厌学情绪。

1. 你记得是从什么时候开始厌学的吗？________________

2. 你厌学的原因是________________________________

____

活动十六　巧用学习方法

学习要有三心：一信心，二决心，三恒心。

——陈景润

课堂引入

挫折与迷茫：小刚的职业学校之旅

小刚因为中考失利，在家人的劝说下，来到了职业学校。一开始，他情绪低落，后来听老师介绍，职业学校也可以考大学，他看到了希望，也有了学习热情。他每天都学习到很晚，别人休息、娱乐的时候，他都在学习。可是过了一段时间，他发现自己无论怎么努力，成绩都得不到提高。面对越考越差的成绩，挫败感油然而生，小刚的自信心也受到了打击。他觉得自己脑子太笨，不是学习的料，整天精神恍惚，都快要崩溃了。

想一想：你觉得小刚的问题出在哪儿？该如何解决？

科学测试证明：95% 的人的智商为 70～133，只有 2.5% 的人的智商低于 70。因此，智力绝不是取得优异成绩的决定因素，取得优异成绩的关键在于学习方法。学习是手脑并用、身心共济的复杂活动，要讲究方法。正如古人所说：“得其法者事半功倍，不得其法者事倍功半。”

一、掌握学习的基本规律

规律是事物内部固有的、本质的、必然的联系。学习活动的基本规律反映了学习活动的诸要素与学习过程各阶段之间的本质联系及发展趋势。学习的基本规律主要有以下几点。

1. 记忆遗忘规律

心理学家艾宾浩斯开创了对记忆的研究，并从中发现了保持和遗忘的一般规律。即遗忘进程不是均衡的，在识记的最初时间里会遗忘得很快，后来遗忘的速度会逐渐变得缓慢。而一段时间过后，几乎不再遗忘了，即遗忘的发展是“先快后慢”的。这也就是，遗忘是在学习之后急速发生的，要想防止和减少遗忘，就必须尽早地加以复习。研究还表明，除了受时间因素制约外，记忆还受识记材料的性质、数量、意义、方式及学习程度等其他因素的制约。

2. 序进累积规律

序是任何知识结构都必须有的层次序列，它包括纵横两个方面。纵是指知识的发展和深化；横是指知识的相互联系、相互渗透。不按照固有的层次序列去学习知识，就不会学有长进。只有按照知识的逻辑系统有序地学习，才能符合学习的认知规律和思维发展规律。学习是一个循序渐进的过程，绝不是一蹴而就的。知识经验的积累是从量变到质变的过程。

3. 学思结合规律

学是指信息的输入，学习新知识、新技能以及社会行为规范等；思是指信息处理加工，知识、信息被认知后，还须进行内化理解、编码、储存和加工，使获得的知识升华以改善原有的智能结构或形成新的智能结构。驾驭理解和保持这两个学习过程的基本规律，就是学思结合的规律。只有学思紧密结合，才能提高学习效率。

4. 知行统一规律

知是对知识信息的输入、理解和掌握；行则是把知道的知识信息用于实际，见诸行动，产生意识行为效应，从而达到改造主客观世界的目的。该规律揭示了学习的本质问题，也就是学习发展的必然趋势和最终归宿。学习的本质是知行统一。个体的学习既是学习生活，又是学习实践；既是为了知，更是为了行；绝不是为“学”而学，而是为“用”而学，学习的目的在于应用。

5. 环境制约规律

作为学习主体，个体受制于他所处的社会环境。从大的方面而言，社会生活安定、社会风气良好、经济秩序稳定，都会使学习主体心理上的安全感增强，促进学习的发展。从学习主体而言，经济生活困难、人际关系紧张，都会影响学习的效果。另外，社会为学习主体提供的学习条件，像师资力量、教学实验条件、校园环境等，也可直接影响到学习的效果。

课堂思考

熟能生巧源于反复练习

在英语中，有一句格言“Practice Makes Perfect”，中文意思为“反复练习就做得完美”，也即“熟能生巧”。中职学生在学习中要有锲而不舍的精神，要勤学苦练。在课内要认真听课，积极思考；在课外要积极向老师请教，做到不懂就问。同时，还要通过网络、图书馆、同学相互讨论交流、社会实践等各种途径丰富自己的专业知识，开阔眼界，扩大知识面。

思考：在技能训练中如何做到熟能生巧呢？

____

二、增强记忆效果的方法

一切智慧的根源都在于记忆，记忆的效果是随时间变化的。在学习后的几天内，个体对知识的遗忘速度会非常快，但过了一个星期后，个体的遗忘速度便趋缓了。因此，记忆的关键便是在最容易遗忘的那几天里巩固复习。

1. 及时复习

及时复习，即把识记过的材料再拿来识记，使之巩固。复习是生理基础对暂时神经联系的不断强化，使学习的痕迹进一步巩固。由于遗忘是先快后慢的，因此复习必须及时，要在大规模的遗忘开始前进行。

2. 在时间和量上合理安排复习

实验证明，用相对集中的一段时间学习同一内容，记忆效果好，但也要适度。因为复习时间过于集中，容易发生信息干扰；而过于分散，也容易发生遗忘。

3. 交替地分配时间学习，也可以提高记忆效果

科学实验证明，用相等频率的电脉冲刺激脑神经细胞会使人的反应加快。可是一旦反复刺激时间过长，神经细胞的反应便消失了。休息一段时间后，反应才得以恢复。人的记忆也是如此，法国科学家居里夫人就曾说过：“我同时读几种书，因为专门研究一种东西会使我宝贵的头脑疲倦，因此我们必须交替地进行记忆。”

4. 善用记忆策略

记忆策略是认知活动的一种特殊形式，尽管不同的研究者对策略所下的定义有

所不同，但从总体来看，研究者大都认为策略是指经过主观努力，在一定的目标指导下，用以提高记忆成绩所采取的各种措施。一般而言，记忆策略可以分为两大类别：储存策略和提取策略。常见的记忆策略有以下几种。

（1）反复背诵或自我复述

在识记过程中反复背诵，以避免遗忘。如边识记，边自言自语地说出记忆材料的名称或内容。例如，为了记住图片，每当看见一张图片时，随即说出图片的名称。

（2）使记忆材料系统化

能够在记忆过程中自动对记忆材料加以整理，包括归类、联想等。比如，把画有各种物体的图片加以分类，把新词和某种事情或情绪联系起来等。

（3）间接的意义识记

能够对记忆材料进行精心思考，找出材料组成的规律，以帮助记忆。间接记忆一般利用语言为中介。

课堂活动

请小组成员们讲述自己擅长的记忆策略，并举例说明。然后，推荐一名学生上台讲述自己的记忆策略使用经验，并分享自己的心得体会。

____

____

三、提高学习效率的方法

（1）每天保证 8 小时睡眠时间，晚上不熬夜，定时就寝，中午坚持睡午觉。充足的睡眠和饱满的精神是提高效率的基本要求。

（2）学习时要全神贯注。

（3）坚持体育锻炼。

（4）学习要主动。

（5）保持愉快的心情，和同学融洽相处。

（6）注意整理。学习过程中，把各科的课本、作业和资料有规律地放在一起，用时容易找到。

（7）学习时不妨给自己规定一些时间。

（8）不要在学习的同时，做其他事或想其他事。

（9）不要整个晚上都复习同一门课程。

（10）课堂上注意劳逸结合。

小故事

看得懂，学得会，比金子还宝贵

有一位非计算机专业毕业的同学，偶然路过某世界著名公司在上海的办事处，看到门口贴着一张招聘启事，于是他抱着“试一试，哪怕只是积累一点应聘大公司的经验也好”这样一种心理状态去应试。考官对他说：“你的水平太低，与我们公司的要求相差太多。”这位同学随口说了一句：“今天我是无准备而来。”没想到，考官竟对他说：“好，那我给你时间准备，但不能超过两个星期。”这位同学似乎看到公司的大门对他露出了一丝缝隙，于是，他没有直接回家，而是直奔书店，买了一堆计算机编程的书，苦读两个星期。

两个星期之后，他又来到公司办事处应聘。考官对他说：“你的水平还是太低，不过，两个星期，你的进步真不小啊!”考官又对他说：“你能否试试我们公司其他的岗位，比如，销售工程师。”这位同学表示愿意一试。考官又给了他两个星期的时间准备。于是，这位同学再一次来到书店买了一堆专业书回家，猛读两个星期。如此这般，他的应聘过程持续了将近两个月，面试了公司 7 个专业技术岗位。此时，他家里的书也堆得像小山一般，人明显地消瘦下去了。

功夫不负有心人，公司在上海的总裁亲自接见了他，对他说：“我非常高兴地通知你，你已经成为我们公司正式的工程师。这不是因为你现在的水平达到了工程师的水平，而是从整个应聘过程中，我们看出，你是一个十分善于学习的人，做我们这一行，哪怕你是本专业的博士生，也要随时充电。所以，善于学习的人，才能做好。看得懂，学得会，比金子还宝贵。”

心理拓展

最佳用脑时间

有研究表明，一天当中有以下四个最佳用脑时间。

（1）早上起床时。此时无前摄抑制（先识记的知识对后继识记知识的干扰）作用，适合学习那些记忆难度较大的知识，如英语单词、古诗文等。

（2）8 ~ 10 点。此时人的精力充沛，大脑处于最易建立条件反射的中度兴奋状态，适合攻克需要周密思考的难题，如知识应用题。

(3) 18～20点。此时是一天中记忆效果最好的时间，适合复习全天所学的知识。

(4) 临睡前。此时无倒摄抑制（后识记的知识对先前识记知识的保持与回忆的干扰）作用，适合回顾先前识记的知识。

趣味测试

学习能力测验

本测验共25道题，每道题有3个选项（A. 较符合自己的情况；B. 难回答；C. 不符合自己的情况）。请根据自己的实际情况进行选择，每道题只能选择一种结果。

1. 喜欢用笔勾出或记下阅读中不懂的地方。
2. 经常阅读与自己学习无直接关系的书籍。
3. 在观察或思考时，重视自己的看法；在遇到问题时，对自己的看法有信心。
4. 对老师将要讲的课程，会做很充分的预习，并且会预先做一些练习。
5. 遇到问题，我喜欢和同学一起讨论。
6. 为了理解老师所讲的内容，我会将笔记等内容归纳成列表或图。
7. 听老师讲解问题时，眼睛注视着老师。
8. 喜欢利用参考书和习题集。
9. 对于学习中的要点，我会很注意归纳并写出来。
10. 我不经常查阅字典、手册等工具书。
11. 我对作业和考试中的错误会进行修改并分析自己错误的原因。
12. 我认为重要的内容就格外注意听讲和理解。
13. 阅读中若有不懂的地方，我要非弄懂不可。
14. 在学习的时候，我会经常联系其他学科的内容进行学习。
15. 在动笔解题以前，我会先审题，有了设想后，才去解题。
16. 阅读中，认为重要的或需要记住的地方，我就会画上线或做上记号。
17. 我经常向老师或他人请教不懂的问题。
18. 我喜欢讨论学习中遇到的问题。

19. 我很关注别人好的学习方法，并努力学会。

20. 我对需要记牢的公式、定理等反复进行记忆。

21. 我经常观察实物或参考有关资料对其进行学习。

22. 我听课时做完整的笔记。

23. 我有专门的错题本。

24. 如果实在不能独立解出习题，我就看了答案再做。

25. 我经常制订学习计划，但不一定按照计划来做。

评价办法：以下是有分值的题目编号，只要你的选择与下列结果吻合，就可以得 1 分，请对照你的选择，统计得分情况。

结果为 A，分值为 1 分的题目编号：1，2，3，4，5，6，7，8，9，11，12，13，14，15，16，17，18，19，20，21，22，23。

结果为 B，分值为 1 分的题目编号：无。

结果为 C，分值为 1 分的题目编号：10，24，25。

合计总分：(　　)

评价结果：若总分高于 20 分，说明你的学习方法还是对的。学习能力测验主要是针对学习方法的测试，可检测出学生的学习方法是否得当。比如，学生是否善于总结知识、学习是否主动自觉、对知识的涉猎是否广泛等。总之，该测试包含了学习方法的各个方面。所谓“尺有所短，寸有所长”，学习就是一个不断取长补短的过程，在某个方法上掌握得出色，不代表其他的地方做得都是完美的。如果你的成绩一直比较理想，很可能得益于你所掌握的知识适合自己并且掌握了正确的学习方法。在以后的日子里，你不仅要继续保持优势，还要继续发挥学习中的积极主动性。在新的学科和新的知识点中，不断归纳总结，不断发现新的方法，千万不要因为目前所取得的成绩而骄傲自满。

如果在这些题目中没有得到比较好的分数，说明你在某个环节上做得不好或者做得不够到位。对于学习能力测验的题目，你需要考虑一下它的目的是检测你的哪一个学习环节，是上课听讲，还是回家做作业，或者是考试复习等。总之，每一个学习环节都有其重要的作用，检测和考试的目的是一样的，结果并不是最重要的，从这个过程中发现问题才是我们的目的。如果你这部分的成绩很好，但自己在学校考试中的表现一直不好，就说明你的问题并非出在方法上，也许是学习态度或学习品质出了问题。若总分低于 20 分，则说明还有些地方没做好，需要改进。

活动十七　学会时间管理

生命是以时间为单位的，浪费别人的时间等于谋财害命；浪费自己的时间，等于慢性自杀。

——鲁迅

课堂引入

思维实验：罐子里的教育启示

老师在讲台上放了一个罐子，然后拿出一块拳头大小的鹅卵石，正好能从罐口放进罐子。老师把石头放进去后，问他的学生："你们说，这罐子现在是不是满的？"

"是——"下边有几个学生回答说。

"真的吗？"老师笑着从讲台底下拿出一袋碎石子，把碎石子从罐口倒下去，摇一摇，再加一些，然后又问学生："现在是不是满了？"

这回学生们都不敢答得太快，他们需要认真地思考这个看似简单的问题。最后，有位女学生怯生生地答道："也许没有满。"

"很好！"老师又从讲台下拿出一袋沙子，把沙子慢慢倒进罐子里。倒完后老师问："现在，这个罐子是满了，还是没满呢？"

"没有满……"同学们这下学乖了，异口同声地答道。

"好极了！"老师又从讲台下拿出一大瓶水，倒在看似已经被鹅卵石、小碎石、沙子填满了的罐子里。老师望了他的学生们一会儿，问："我们从这个简单的实验中，能得到什么重要的结论呢？"

想一想：你从这个实验中得到什么启示？

拥有了管理时间的能力，我们就能更好地安排自己的学习和生活，还能更好地提高做事效率。假如时间管理是一驾马车，我们学会了如何驾驭它，那么它就能带着我们去想去的地方。

一、时间管理及其意义

时间管理是指在同样的时间消耗下，为提高时间的利用率和有效性而进行的一系列控制工作。换句话说，时间管理就是克服时间浪费，为减少时间的消耗而设计的一种系统程序，并选择一切可以利用的科学方法及手段，以便结果向预期目标尽量靠拢。

罗曼·罗兰曾说："人生不售回程票，一旦动身，就再也不能复返。"这句话道出了时间珍贵且易流逝的特点。每个人活着的时间是非常有限的，在有限的生命中如何发挥自己最大的价值，实现自己的人生理想，这是千百年来无数人一直探讨的问题，也是时间管理的意义所在。

课堂活动

请根据自己每天的生活安排，完成表6－3（时间段尽量细化），并思考自己的时间安排是否合理、是否可以优化，小组讨论并分享。

表6－3　时间安排表

时间段	事情

二、时间管理的方法

1. 四象限分类法

四象限分类法是将要做的事按照轻重、缓急排列组合成四个象限，如图6－2所示。这样，就可以帮助我们在单位时间内做最有价值的事（提升你做事的价值）和做最多的事（提升你做事的效率和速度）。

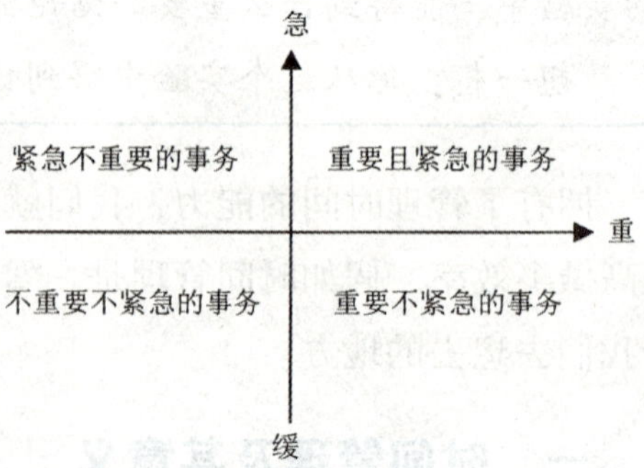

图6－2　四象限分类法

2. 生理节奏法

人在不同时段的注意力是不同的，如图

6－3所示。因此，其不同时段的工作效率也不相同。生理节奏法是从以下几方面进行时间管理。

（1）注意你精力最充沛、脑子最清楚的时段，在此时段做最有价值的事；

（2）注意研究你注意力集中的时间有多长，在此时间内解决问题：

（3）该休息的时候一定要休息，在你感到疲倦之前就休息，这样你每天精力充沛的时间就增加了1个小时。

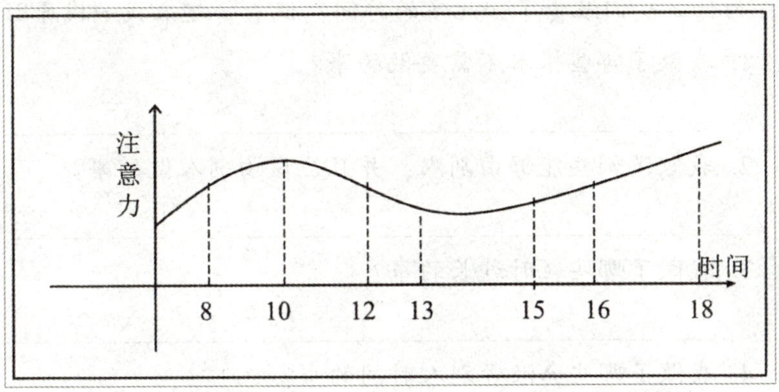

图6－3　各时段工作状态

3. 杜拉克时间管理法

现代管理之父杜拉克认为，有效的管理者不是从他们的任务开始的，而是从他们的时间开始的，那样就需要记录时间、分析时间和管理时间。见表6－4。

表6－4　每日活动记录表

姓名________　　________年____月____日

活动	起止时间	使用时间	计划、中途插进	重要及紧急性	评语

4. 艾维·利时间管理法

艾维·利时间管理法主要从以下几个方面进行。

（1）写下你明天要做的6件最重要的事；

（2）用数字标明每件事的重要性次序；

（3）明天早上第一件事是做第一项，直至完成或达到要求；

（4）完成第一件事后再开始完成第二项、第三项……

（5）每天都要这样做，养成习惯。

课堂思考

为什么我们浪费了如此多的时间？试着一起来找一找原因吧。

1. 我做了哪些根本不需要做的事？

____

2. 我做了哪些能够由别人，并且应该由别人做的事？

____

3. 我做了哪些耗时过长的事？

____

4. 我做了哪些会浪费别人时间的事？

____

三、时间管理的原则

我们可以试着遵循以下时间管理原则，试着养成好习惯，节约每一分钟，做时间的主人。

（1）应有一张思考的床，不要穷忙、瞎忙、无心地忙；

（2）对不可控制的时间先行控制，并制定处理原则；

（3）养成事先规划时间的习惯，依照事情的轻重缓急、优先顺序妥善安排；

（4）定期研讨学习内容与时间安排；

（5）心无旁骛地在一段时间内解决一件事情；

（6）有效运用每天的黄金时间。

小故事

时间的奇妙之处

100多年前，有一道数学题难住了全世界的数学家：“2的67次方减去1，究竟是质数，还是合数？”

这是一个数论的题目，虽然它的知名度远不如“哥德巴赫猜想”，但是，破解它的难度，一点儿也不逊于后者。数学家们做过种种尝试，都无功而退。

出人意料的是，1903 年 10 月，在美国纽约举行的世界数学年会上，一位叫科尔的德国数学家，成功地攻克了这道数学难题。

他的论证方法很简单：把 193、707、721 和 767、838、257、287，两组数字竖式连乘两次，结果相同；由此证明，2 的 67 次方减去 1 是合数，而不是人们怀疑的质数。

更令人惊奇的是，科尔并不是专门研究数论的数学家，这只是他的业余爱好。

采访时，记者问：“您论证这道题目花了多长时间？”

他说：“3 年来的全部星期天。”

无独有偶。100 多年以后的今天，在北京，一位知名作家接受了一个年轻人的采访。这位作家在全国许多知名刊物上发表了 5 000 多篇颇有影响力的作品。

年轻人问：“你写了这么多作品，花了多少时间？”

他说：“20 多年来的全部星期天。”

心理拓展

高效完成任务的方法

耶鲁大学曾经做过一项调查（图 6－4）。在这么高端的学校，27% 的人没有目标，60% 的人目标模糊，10% 的人目标清晰短暂，只有 3% 的人目标清晰且长远，最终，他们的生活是不同的。

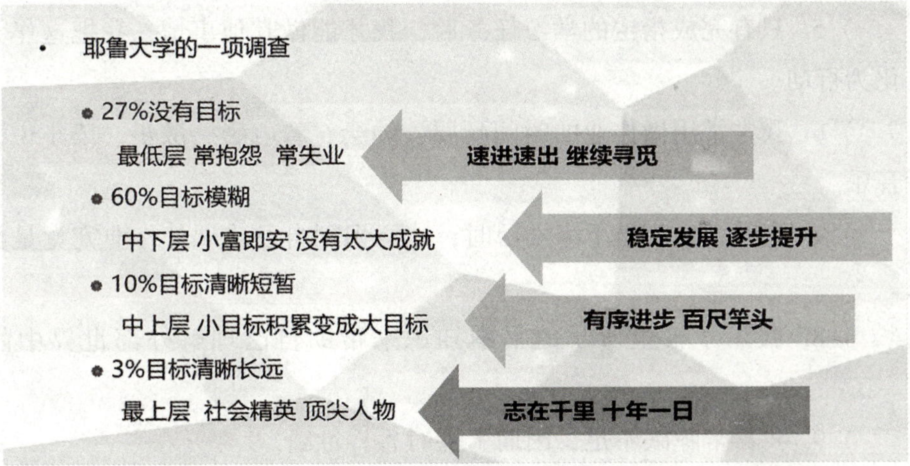

图 6－4　耶鲁大学的一项调查

让我们再来看看那3%的人吧。他们的一个特点就是规划了达成目标的具体时间。

3%的人的特点如下。

- 他们曾经很真实地写下了他们想做的事情
- 他们列出了达成目标所得到的好处
- 他们列出了达成目标要克服的障碍
- 他们列出了达成目标必须必备的知识以及信息
- 他们列出了达成目标需要共同协力的团队、人员或者组织
- 他们总结出一套行动计划
- 他们写出了达成目标的具体时间

趣味测试

学习习惯与学习方法自我测查

请你针对自己的情况，为下面每一陈述选择“是”或“否”。记住：用“是”或“否”表示，不要用“正确”或“错误”表示。

（　　）1. 我在学习时爱做白日梦。

（　　）2. 我常常需要有一定的压力才能学习。

（　　）3. 我定期复习。

（　　）4. 我的学习常常被来访者，电话和其他娱乐打断。

（　　）5. 只有完成指定的学习任务后，我才能做其他事情，我把这作为一项制度并化为行动。

（　　）6. 我常常用做作业的时间玩耍、约会、看电影、散步、读小说、看电视或听音乐。

（　　）7. 有时，当我坐下来学习时，才意识到自己连课外作业究竟是什么还不清楚。

（　　）8. 我用学校里所学的书本知识来帮助自己理解外部世界中的各种事情。

（　　）9. 我常常睡眠不足，因而上课时昏昏欲睡。

（　　）10. 如果我学到一个新词，我往往会在此之后的一段时间内有意识地

多多使用它。

(　　) 11. 我有一个明确的学习计划表，列出了学习时间、地点和进度。

(　　) 12. 我在学习时常常坐不住，因此无法把精神集中在学习任务上。

(　　) 13. 开始学习新内容之前，我对先前学过的材料进行复习。

(　　) 14. 如果没有正当理由，我坚持执行自己的学习计划。

(　　) 15. 有时，我边看电视边学习，或者边听房间里其他人的谈话边学习。

(　　) 16. 在某一课程上我花费时间过多，而在其他课程上时间则不够用。

(　　) 17. 在学习时，我常常站起来，来回走走，看看报纸，或吃点零食。

(　　) 18. 我喜欢找出具体的例子，来验证所学到的原理和规则。

(　　) 19. 每当开学，我往往会有一段时间静不下心来学习，难以认真思考功课。

(　　) 20. 有时，我到了课堂上或坐下来学习时，才发现没带所需要的课本、铅笔、笔记本或其他学习用品。

(　　) 21. 我会利用某一课程中学到的知识，来理解其他学科的东西。

(　　) 22. 有时，我对所学的材料进行“过度学习”，也就是，当我第一次能正确背诵时并不就此停止学习，而是继续背几遍，以巩固学习效果。

(　　) 23. 我为自己的功课感到担心。

(　　) 24. 我在阅读时，会注意保持良好的光线。

参照表6－5，按照答对一题得1分，答错一题得0分的计分方法，计算自己的得分。

表6－5　参考答案

测查内容	应该答“是”的题目序号	应该答“否”的题目序号
一般性的学习习惯与学习方法	3，5，8，10，11，13，14，18，21，22，24	1，2，4，6，7，9，12，15，16，17，19，20，23

以上测验是关于“学习习惯与学习方法”的自我测查，得分的高低反映出你学习习惯和方法的好坏程度。

通过以上测试，你是否对自己的学习方法和学习习惯有了一些了解？请仔细检查自己在某些方面的不足和误区，予以克服，从而逐步养成良好的学习习惯。

提示：以上测试仅供参考，不必刻意“对号入座”。

心灵体验

1. 模拟体验

请结合自己所学的专业，模拟工作中的场景，不同的同学扮演不同的角色，在实践中体验工作情景，并将结果填到表6-6中。

表6-6 模拟体验

确定小组名单	
角色分配	
剧本简介	
表演时刻	
收获和感受	

2. 归因特点问卷

问卷说明：

（1）在了解你的学习的影响因素的前提下，如果你认为下列描述符合你的情形，请在（ ）中打“√”；

（2）根据你的实际情况进行选择，如果你认为还有其他原因，请写在“其他”栏里；

（3）在你所选的内容中，再选出五个你认为最主要的原因，将它们依照重要的次序填写（写题号即可）。

我的学习、考试成绩不理想，是因为：

◆家中没有人指导我解答疑难的问题。（ ）

◆我不喜欢任课教师。（ ）

◆学习科目过于枯燥。（ ）

◆平时养成了懒散的习惯，不愿学习。（ ）

◆家里环境差，没法学习。（ ）

◆我没有找到有效的学习方法。（ ）

◆父母不关心我的学习。（ ）

◆我学习缺乏恒心和毅力。（ ）

◆班级学习风气不好。（ ）

◆我不会妥善安排学习时间。（ ）

◆学校令人讨厌。(　　)

◆我的学习基础不好，跟不上。(　　)

◆老师的教学方法不适合我。(　　)

◆我自己不够努力。(　　)

◆运气不好，复习的内容总是不考。(　　)

◆身体不佳，无法集中精力学习。(　　)

◆考题总是太难。(　　)

◆我对学习没有兴趣。(　　)

◆情绪不稳，常被无端的情绪干扰。(　　)

◆本身能力不够，根本不是学习的材料。(　　)

其他：________________________________

影响我学习的五个重要因素依次为：____________________

统计结果：

单数题中，你打“√”的有几个？双数题中，你打“√”的有几个？

问卷分析：

单数题的“√”多，说明你可能是一个受外部条件控制的人，也就是说你通常习惯把自己的成功和失败的原因归于外部条件和环境。

双数题的“√”多，说明你善于从自己的内部寻找原因，你是一个内部控制的人。

单数题和双数题的“√”差不多，说明你不是典型的内部控制或外部控制的人。

话题七
发展个性 启蒙职业

学习目标

知识目标

☆了解兴趣、个性、价值观与职业选择的关系，形成自己初步的择业观。

☆了解升学或就业选择引起的心理困扰，提高自我调节的能力。

☆了解职业能力的概念及分类。

☆掌握提升职业能力的方法。

☆认识到中职生的独特优势。

能力目标

☆提高择业能力。

☆能科学应对就业或升学选择带来的心理困惑。

☆能通过学习和实践提高职业能力。

素质目标

☆培养对不同职业的兴趣和好奇心，激发对职业探索的动力。

☆发展自我认知和职业意识，了解自己的个人特点、价值观和兴趣，从而更好地选择适合自己的职业路径。

☆培养积极主动的学习态度和求知欲，保持持续学习的习惯，提升职业能力和自我价值。

活动十八　职业兴趣探索

课堂引入

陷入困境的小翔

小翔是一位外向热心、善于交际和喜欢挑战的中职毕业生。当他做销售员时，业绩突出，经常受到领导表扬。为此，他充满了成就感。

然而，当他跳槽到银行做职员时，却感到工作沉闷，心情压抑，觉得自己一事无成。

想一想：造成小翔目前困境的原因是什么？我们在选择职业时要注意些什么呢？

一、兴趣与职业选择

1. 兴趣与职业兴趣

每个人都有许多兴趣爱好。如养鸟、种花、跑步、打球、看书、绘画、写作、书法、摄影、旅游等。当这些兴趣爱好。指向某种职业时，就会形成“职业兴趣”。职业兴趣是一个人对自己所从事的职业的一种积极肯定的态度。

职业兴趣的发展有三个阶段：有趣、乐趣、志趣。当有趣发展为乐趣，做起事来会不觉辛苦，而是乐在其中；当乐趣与一个人的社会责任感、理想结合起来，乐趣就成了志趣，个体也会为之尽心竭力。

2. 兴趣在职业活动中的重要作用

职业兴趣直接影响个人的职业选择，并在以后的职业活动中起重要作用。

（1）兴趣可以使人的潜能得到充分发挥

心理学研究表明：如果一个人对某一项工作有兴趣，则能发挥他全部才能的80% ~90%，并且能较长时间保持高效率而不感到疲劳；而对工作缺乏兴趣的人，只能发挥其全部才能的20% ~30%，也容易筋疲力尽。

古今中外，许多卓有成就的科学家、文学家、艺术家，正是在兴趣的推动下获得成功的。在学校里被人骂为“傻瓜”、低能儿并被勒令退学的爱迪生，在发明王国里却显示了杰出的才华；在课堂上“智力平平”的达尔文，在大自然的怀抱里显得异常聪明与敏锐，成为进化论的创始人。是什么使他们的潜能得到充分发挥的呢？是兴趣。

毕加索从小热爱绘画，牛顿从小就喜欢制作模型，贝多芬是在钢琴声中长大的，还有伽利略、诺贝尔等著名人物，他们获得成功的巨大推动力也是来自兴趣。

（2）兴趣可以增强创造力

兴趣可以激发一个人的创造力和创新能力。当一个人对自己的工作充满激情和热情时，他们更有可能思考并提出新的想法和解决方案。

（3）兴趣可以增强工作满意度

当一个人从事自己感兴趣的工作时，他们更有可能享受工作过程并对工作感到满意。兴趣可以帮助个体找到工作与个人价值观和兴趣相吻合的职业，从而增强工作满意度和幸福感。

小故事

用心，再用心

俞军，某汽轮机厂装配钳工。作为生产过程把关的最后工种，在高强度的工作环境下，俞军始终对自己的工作持有浓厚的兴趣，带领班组完成多项攻关项目，创经济效益数十亿元，其掌握的技能水平在企业至今尚无人能超越。

当年，受突如其来的SARS（非典型性肺炎）风暴，以及夏季持续高温停电、限电的影响，车间生产一度异常吃紧。俞军带领总装组的全体组员日夜拼搏，在下半年生产紧张的时刻，灵活机动地开出二班制，做到轮番作战；多台机组平行装配，大大提高了工作效率，加快了装配进度，最终创下了历史奇迹，为公司提前实现800万千瓦的盘车目标。

唯有用心，再用心，全身心热爱自己的工作，才能攻克工作中的难关。这句话对俞军而言，十分适用。

3. 职业兴趣是可以培养的

在现实生活中，求职就业很大程度上受到就业环境的制约，常常会出现找到的工作与自己的职业兴趣不尽一致。通过积极地探索和尝试，个人可以发现和培养自己对于某些职业领域的兴趣，进而将其发展成为自己终生从事的职业。在培养职业兴趣的过程中，个人需要保持开放的心态，勇于尝试新事物，不断拓展自己的知识和技能。同时，了解自己的优势和弱点，有针对性地寻找适合自己的职业领域，也是非常重要的。此外，个人还可以通过参加职业培训、实习、志愿服务等活动，深入了解某些职业领域，从而培养自己的职业兴趣。这些活动不仅可以帮助个人积累实践经验，还可以提供与行业内专业人士交流的机会，从而拓宽视野，加深对行业的了解。

课堂思考

扪心自问：你喜欢什么职业？喜欢什么样的工作环境？请你大致描述一下。

____

____

你选什么：

如果只考虑个人的兴趣，不考虑现状（成绩、经济等因素），你会选下列哪项职业？

①公关人员；②公务员；③金融理财人员；④IT领域工程师；⑤流行歌手；⑥管理人员；⑦营销人员；⑧医护人员；⑨专业发明人才；⑩旅游服务者；⑪广告设计。

你还可以列出更多项。

____

____

小故事

“文秘”岗位同样可以大有作为

小欣长得很靓丽，喜欢做具有挑战性的事。她一直想当模特，同学也说她最适合站在T型舞台上。然而，当她满怀希望报考了一所职校的服装模特班时，因名额限制，不得不到文秘班报到。

在专业学习的过程中，小欣逐渐明白了文秘人员想要处理好办公室事务，不仅要熟悉单位的业务流程，还要熟练使用计算机等一系列办公自动化设备。一流的文秘人员，更是领导的得力助手，需要更高的职业素养。学习使小欣认识到，文秘这个职业有很大的挑战性，也有很大的发展空间。小欣开始喜欢文秘这个专业。在学校，她做起了“部主任助理”。

现在，小欣已是一家外资公司的总经理助理，负责对外商的接待业务。当问她没走上T型舞台是否遗憾时，她深有感触地说："文秘岗位同样可以大有作为。"

二、个性与职业选择

每个人都有自己的兴趣、需要、气质、性格等个性心理特征，任何一种职业都有自己的特点。当个体的个性特征适应这种工作特点时，则有利于在职业中扬长避短，充分发挥潜能，获得满足感、成就感和愉快的心情。而在职业生涯中能获得这些感受，会使个体拥有高质量的人生。所以个性是职业选择的重要因素。

美国著名的职业指导专家约翰·霍兰德提出了具有广泛影响的六角形个性分析图。这一理论着重分析了个性与职业的关系，根据个体的心理素质和择业倾向，大多数人的个性划分为六种类型：现实型（Realistic Type，简称R），研究型（Investigative Type，简称I），艺术型（Artistic Type，简称A），社会型（Social Type，简称S），企业型（Enterprising Type，简称E）和事务型（Conventional Type，简称C）。职业也相应地分为六种类型。这六大类型，按照一个固定的顺序排成一个六角形：RIASEC（图7-1）。

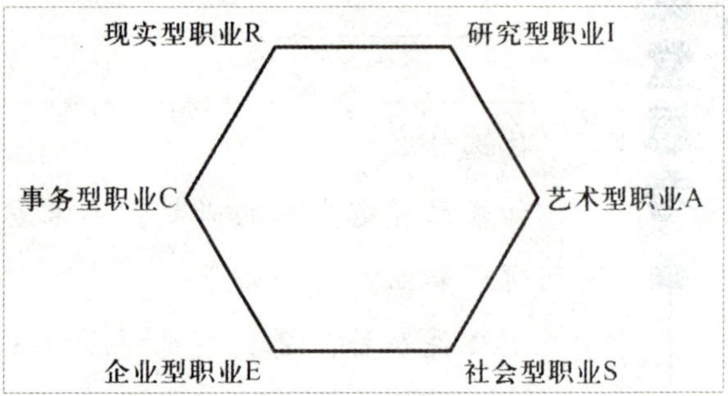

图7-1　六角形个性分析图

请你思考一下，个性类型与职业环境的匹配究竟有哪些类型？

个性与职业的匹配见表7-1。

表7-1　个性与职业匹配表

个性类型	主要个性倾向和环境特点	职业
现实型个性R	①重视现实，喜欢具体任务甚于抽象任务。 ②喜欢室外作业，有运动或机械操作的能力，愿意从事操作性强的工作。 ③动手能力强，做事手脚灵活，动作协调。 ④不善言辞，不善交际	机械、工程、农业、园艺、动物、植物等相关工作。主要职业有：工程师，技术员；机械操作、维修安装工人，矿工、木工、电工、鞋匠等；司机；测绘员、描图员；农民、牧民、渔民等

（续表）

个性类型	主要个性倾向和环境特点	职业
研究型个性 I	①抽象思维能力强，求知欲强，善于思考。 ②讲究科学性，具有分析、条理、精确、理性等特征，思考问题透彻。 ③喜欢独立和富有创造性的工作。 ④喜爱研究型的职业或情境，避免企业型的职业或情境	物理、数学等科学研究和科学实验相关工作。主要职业：自然科学和社会科学方面的研究人员、专家；化学、冶金、电子、航空等方面的工程师、技术人员；飞机驾驶员、计算机操作人员等
艺术型个性 A	①重直觉、有创意、审美能力强、想象力丰富、独立，拥有艺术与音乐方面的能力。 ②喜欢以各种艺术形式的创作来表现自己的才能，实现自身价值。 ③具有特殊艺术才能和个性，乐于创造新颖的、与众不同的艺术成果，渴望表现自己的个性	音乐、美术、中文、英文（语言类）、语言传播等相关工作。主要职业：音乐、舞蹈、戏剧等方面的演员、艺术家、编导、教师；文学、艺术方面的评论员；广播节目的主持人、编辑、作者；绘画、书法、摄影家；艺术、家具、珠宝、房屋装饰等行业的设计师等
社会型个性 S	①具有合作、友善、负责、善解人意、富有洞察力等特征。喜欢帮助别人，善于人际交往。 ②喜欢从事为他人服务和教育他人的工作。 ③喜欢参与解决人们共同关心的社会问题，渴望发挥自己的社会作用。 ④比较看重社会义务和社会道德	教育、社会、心理、哲学、社工等相关工作。主要职业：教师、保育员、行政人员；医护人员；衣食住行服务行业的经理、管理人员和服务人员；福利人员等
企业型个性 E	①精力充沛、自信、善社交、有领导与语言能力、重视政治与经济上的成就。 ②喜欢竞争，敢冒风险。 ③喜爱权力、地位和物质财富	贸易、经济、管理、法律、保险、销售等相关工作。主要职业：经理企业家、政府官员，商人，行政部门和单位的领导者、管理者等
事务型个性 C	①对数字感兴趣，规律性强。②谨慎、稳重、顺从，有文书与数字能力。③不喜欢冒险和竞争。④工作踏实，忠诚可靠，遵守纪律	财政、文件档案、图书管理、统计报表等相关工作。主要职业：会计、出纳、统计人员；办公室人员；秘书和文书；图书管理员；旅游、外贸职员，保管员，邮递员，审计人员，人事职员等

课堂活动

我的岛屿计划

假设在你的度假途中，你所乘坐的轮船突然发生了故障，必须紧急靠岸。这时，轮船正好处于下列6个岛屿中间。幸运的是，你可以凭自己的兴趣选择一个岛屿靠岸。要知道，这些岛屿只能通过轮船与外界联系。而由于天气原因，今后至少半年内船只都无法出航，而且你还要等待境外的轮船运送人员和器材前来维修你所乘坐的轮船。因此一旦靠岸，你可能需要在这个岛上待很长一段时间（至少一年）。请按一、二、三的顺序挑出3个岛屿。

R岛：岛屿的生态环境保护得很好，有各种野生动植物；居民以手工见长，种植、养殖、制造、修理等方面极为发达；户外活动受大家喜爱。

C岛：岛屿干净、整洁，现代、井然有序，建筑现代，各种管理体制完善；岛民保守、冷静，处事有条不紊，耐心细致、高效。

E岛：显赫、富庶，企业经营和贸易极为发达，居民能言善辩；经济高度发达，处处可见银行、证券交易所、高级饭店、俱乐部、高尔夫球场，政治家、企业家、高级经理人、律师云集。

I岛：岛屿上有各种科学馆、图书馆、天文馆；岛民喜欢观察、思考和学习，崇尚和追求真理，经常有著名科学家、社会学家、心理学家光顾并开设讲座。

A岛：浪漫、美丽，有各种美术馆、音乐厅，街头雕塑和街头艺人随处可见，艺术气息浓厚；居民保持了传统的舞蹈、音乐和绘画，你有可能在路上就碰到著名的艺术家。

S岛：岛民友善亲切，乐于助人，服务网络发达；人们重视互助、合作，关怀他人，教育与医疗服务完善，充满人文气息；你能结识慈善家、社会工作者、优秀教师。

我最想去的是：__________、__________、__________

说明：这6个岛屿实际上代表着霍兰德提出的6种类型。做完这个活动后，你会得出自己最有兴趣的前3个类型，亦即你的霍兰德代码，并对6种类型的基本特征有所了解。需要注意的是，这只是对你兴趣类型的一个初步判断。

三、价值观与职业选择

价值观是一个人对人、事、物的是非、善恶和重要性作判断。从一定程度上，凡是你觉得重要的、想追求的，就代表你的价值观，它常常是“我在乎……”“我认为……”或“我不喜欢……”等。它是由个人对各种事情不同的喜好程度而推论出来的。例如，我认为“健康”比“财富”更重要。

课堂思考

以下职业价值观，你选哪个？

①工资高；②福利好；③工作环境好；④工作稳定；⑤能提供好的受教育机会；⑥有较高的社会地位；⑦工作轻松；⑧能充分发挥自己的才干；⑨工作符合自己的兴趣；⑩工作的社会意义大。

你的选择顺序是什么呢？理由是什么？

____

____

提示：合理的价值取向是面对现实，合理取舍，面向未来。

关于价值取向，从物质与精神方面而言，是求物质，重精神；从生存与发展的角度而言，是求生存，谋发展；从近利与远景的策划上而言，是忌功利，谋远景。

四、直面升学和就业

1. 中职生在“升学还是就业”方面产生的心理困扰

完成中等职业学校学业后，是选择就业还是继续深造，是许多同学难以决定的。

选择继续升学可以提高学历层次，增长专业知识和本领，为将来谋职打下更扎实的基础；但这需要继续投资，还要很辛苦地复习功课准备考试。

毕业后马上找一份工作，自己可以在经济上独立，也减轻了父母的负担，边工作也可以边学习。但学历偏低会不会影响个人今后的发展呢？所以是各有利弊。

2. 自我调节的方法

中职生面临升学和就业时，可以采用以下自我调节的方法。

（1）目标设定和规划

明确自己的升学或就业目标，并制定出详细的规划。设定明确的目标，可以帮助中职生聚焦于自己想要达到的结果，并制订出相应的行动计划。

（2）自我评估和认知

了解自己的兴趣、能力和优势，并将其与所选择的升学或就业领域进行对比。通过自我评估和认知，中职生可以更好地了解自己的适应性和发展潜力，从而为对应的升学或就业做出更明智的选择。

（3）寻求信息和支持

积极主动地寻找相关升学或就业的信息，并向老师、辅导员、家长、同学或职业顾问等寻求支持和建议。他们可以提供宝贵的意见、经验和资源，帮助中职生更好地了解选择的路径和面临的挑战。

（4）增强技能和知识

根据升学或就业的需求，中职生可以主动学习和提升相关的技能和知识。参加培训、实习或工作经验都是提升自身竞争力的有效途径。

（5）积极面对挑战和逆境

升学和就业过程中不可避免地会面临挑战和困难。中职生需要学会积极面对和应对这些挑战，保持乐观的态度和心态，从中吸取经验教训，并不断调整自己的策略和计划。

（6）自我调适与调整

根据实际情况，中职生可能需要对自己的升学或就业目标和规划进行调整和适应。灵活性和适应性是必要的，时刻保持开放的心态，并愿意学习与改变。

课堂思考

忙忙碌碌，越忙越焦虑

小红是高二学生，性格沉稳，从进入中职学校后她就很努力，寒暑假会去不同的工作岗位实习，老师们都很喜欢她。在家长眼里，小红也是一个十分听话懂事的女孩。但最近小红心里有一种焦灼感，她告诉老师，虽然自己很努力地学习知识和参加社会实践，但她对未来依旧十分迷茫，不知道自己喜欢什么，现在身心很容易疲惫。

思考：你有过小红的这种状况吗？你是怎么解决的？

____

小故事

干一行，爱一行

王一帆，2018 年加入某公司，初始被分配至洗车间，负责学习分级机操作。车间环境恶劣，粉尘弥漫，尽管配备了防护口罩，仍难以完全避免吸入。除环境脏乱外，工作强度亦大。同期加入公司的百余人中，仅王一帆等十余人坚持下来。王一帆认为，男子汉应勇往直前，不畏艰难。为成就事业，这点困难微不足道。他决心做好本职工作，积极钻研分级机技术，向老师傅虚心请教，业余时间亦不懈钻研。

分级机的安装、操作及保养技术要求高，需全面掌握其结构和工作原理，并在实践中摸索经验，提高操作水平。王一帆在工作中始终保持高度认真和专注，确保操作准确无误，避免意外发生。他对待每一个任务都极其重视，严格要求自己，力求将工作做实、做细、做扎实。他生产的产品质量合格，且安全无虞，赢得了领导和群众的一致好评。

王一帆对事业的热爱和无私奉献精神激励着他全身心投入工作。他始终以极强的责任心、饱满的热情和良好的心态面对各项任务，努力让领导和群众满意。2020年，王一帆被调至三厂分级机班组工作。面对新建的三厂，他服从领导安排，积极克服困难，与同事们共同努力，圆满完成了公司交给的所有订单。

2021 年，因公司需要，王一帆再次被调回一厂粉碎车间分级机班组工作。面对新的挑战，他豪情满怀，斗志昂扬，立志继续做好工作。他始终以身作则，用实际行动践行自己的信念。虽然没有豪言壮语和丰功伟业，但他以朴实无华的态度和任劳任怨的精神在平凡的岗位上默默为公司事业发光发热，取得了不平凡的成绩。

你会怎么回答

一天，一位作家到建筑工地体验生活，分别问了三个建筑工人一个相同的问题：“你正在干什么？”

第一个建筑工人头也不抬地回答：“我正在砌一堵墙。”

第二个建筑工人抬头回答：“我正在盖房子。”

第三个建筑工人笑眯眯地回答：“我在为人们建筑漂亮的家园。”

作家觉得三个建筑工人的回答很有趣，就将其写进自己的小说。若干年后，作家欲写小说续篇，想去看看那三个建筑工人现在的生活怎么样。结果令他大吃一惊：当年的第一个建筑工人现在还是一个建筑工人，仍然像从前一样砌着他的墙；而在施工现场拿着图纸的设计师，竟然是当年的第二个建筑工人；至于第三个建筑工人，作家没费多少工夫就找到了，他现在成了一家房地产公司的老板，前两个人正在为他工作。

想搏击长空，就不要眷恋大地

有一个老人在山里打柴时，捡到一只很小且样子怪怪的鸟。老人把它带回家，将怪鸟放在小鸡群里，充当母鸡的孩子，让母鸡养育。随着怪鸟一天天长大，老人才发现它竟是一只鹰。村里的人担心鹰再长大一些会吃鸡。然而，那只一天天长大的鹰和鸡相处得很和睦。只是当鹰出于本能在天空展翅飞翔向地面俯冲时，会引起鸡群的恐慌和骚乱。

可是，村里的人们却强烈要求：要么杀了那只鹰，要么将它放生，让它永远也别回来。理由是：家里的鸡丢了，肯定是被鹰吃掉的。然而，老人一家因为和鹰相处的时间长了，有了感情，舍不得杀它，他们决定将鹰放生，让它回归大自然。

于是，他们用了许多办法想让那只鹰重返大自然。结果过不了几天，那只鹰又飞回来了。他们终于明白：原来鹰是眷恋它从小长大的家园，舍不得那个温暖舒适的窝。

后来，村里另一位老人说：把鹰交给我吧，我会让它重返蓝天，永远不再回来。这位老人将鹰带到附近一个最陡峭的悬崖绝壁旁，然后将鹰狠狠向悬崖下的深涧扔去，如扔一块石头一样。那只鹰开始如石头般向下坠落，然而快要到深涧底时它展开双翅托住了身体，开始缓缓滑翔，然后轻轻拍了拍翅膀，越飞越远，渐渐变成了一个小黑点，并永远地飞走了，再也没有回来。

心理拓展

需要、兴趣、爱好的区别

1. 需要

需要是个体感到某种缺乏而力求获得满足的心理倾向，它是有个体自身和外部生活条件的要求在头脑中的反映。简单而言，需要是指当我们的身心某种平衡被打破之后，我们力求去满足的心理倾向；当所有宏观微观的事物都处于平衡状态的时候，我们是没有任何需要的。

2. 兴趣

兴趣，是个体基于内心的需要，表现出来的以特定的事物或活动为对象，所产生的积极的、带有倾向性的和选择性的态度和情绪。兴趣是以需要为基础的。

3. 爱好

爱好是兴趣的发展和行动——兴趣是内心的源动力，爱好是兴趣的外在表现。在实践活动中，爱好能使个体的工作目标明确，积极主动，从而能自觉克服各种艰难困苦，获取工作的最大成就，并能在活动过程中不断体验成功的愉悦。

趣味测试

职业价值观与职业生涯发展探索

第一步：每个人都希望从职业或工作中获得的、追求的、重视的东西都不同。现在且不考虑具体的职业或工作是什么，请在下面的 15 项工作价值观中，选出 5 项最重要的，并按照递减顺序填在下面的方框中。

◆ 声望：受到大家的尊重与礼遇。
◆ 独立：能自己做决定。
◆ 助人：能协助或教导别人。
◆ 变化：工作的内容不单调，有变化、有挑战、需创新。
◆ 领导：工作时能领导、指挥、监督他人，分配工作。
◆ 兴趣：符合自己的喜好。
◆ 待遇：薪水高、利润多。
◆ 休闲：自己拥有较长的休闲时间或者可以自由安排时间。
◆ 福利：工作的地方能提供良好的福利。
◆ 前景：这个职业将来会有很好的发展。
◆ 安定：收入稳定，不受环境等影响。
◆ 升迁：有明确的升迁制度和机会。
◆ 意义：有意义，对人、社会或世界的贡献比较大。
◆ 环境：工作环境舒适。
◆ 人际：同事修养好，人际关系和谐。

第二步：请同学两两组合，谈谈自己最想从职业或工作中获得什么？或者是对职业或工作最重视的因素有哪些？

____

____

第三步：如果不得不放弃其中的一项，你会选择放弃哪一项______

请你再放弃一次，思考后做出选择______

请再放弃一项______

迫不得已，你还得放弃一项______

现在，你剩下的最后一项是______

第四步：请思考，也可和同学交流。你为什么留下那一项？通过这个活动，你对自己的价值观有了什么样的了解？价值观会对职业选择和人生产生什么样的影响？其他人的价值观会对你的生活造成什么样的影响？

____

____

活动十九　提升职业能力

课堂引入

专家型工人李斌是如何炼成的

李斌，1980 年毕业于一所技校，他不满足于当一名得过且过的工人。“我要学好技术，当个好工人”——凭着这种朴素理想，在三年学徒时间里，他掌握了车、钳、刨、磨、铣，金属切削加工全套技能；两次到瑞士培训，让他掌握了数控机床的编程、调试、维修；业余时间，他还不断地在夜大学习相关的专业知识，在实践中勇于探索，实现了从操作型工人到知识型工人，进而成长为专家型工人的转变和飞跃。李斌累计实现各种技术攻关 162 项，成为上海市液压泵厂的“无价之宝”、全国同行业公认的数控技术应用专家、全国劳模。

想一想：李斌是如何从一名技校毕业生成长为数控技术应用专家的呢？他具备了什么能力？

一、什么是职业能力

能力是指一个人顺利完成某种活动所必需的心理特征，职业能力则是指在完成职业活动时所需的知识、态度、技能和个性心理特征的整合。如一名好的营销员，他必须善于观察顾客的购买动向，探索顾客需求，能与顾客沟通信息，判断顾客的心理活动；能娴熟介绍与展示商品，并进行有关的技术操作。为此，特别要求营销员要掌握消费心理学知识，具有较强的职业观察、职业注意和职业表达能力。

二、职业能力的分类

国内外学者对职业能力进行了分类，将职业能力分为基本职业能力和综合职业能力。

1. 基本职业能力

基本职业能力通常也称为从业能力，是劳动者为了胜任一项具体职业所必须具备的能力。德国学者提出“三分法”，将基本职业能力分为与该具体职业密切相关的专业能力、方法能力和社会能力。

（1）专业能力

专业能力指具备从事职业活动所需要的知识和技能，运用特定的方法，按照专业的要求完成职业活动的能力，包括单项的技能与知识以及综合的技能与知识。每项职业都对专业能力有所要求。比如，语文教师应具备的专业能力是基本的教学能力和语言能力、广告设计师应具备的专业能力是设计和作图的能力、市场调查员应具备数据整合和分析的能力等。

专业能力的提升，一般通过专业的教育和培训实现，也与自身的优势智能有关。美国心理学家加德纳提出多元智能的理论，该理论认为人的智能包括以下几点。

①语言智能，渗透在所有语言能力之中，包括阅读、写文章以及日常会话能力。

②数学逻辑智能，包括数学运算与逻辑思维能力。

③空间智能，包括导航、认识环境、辨别方向的能力。

④音乐智能，包括对声音的辨别与韵律表达的能力。

⑤身体运动智能，包括支配肢体完成精密作业的能力。

⑥人际交往智能，包括与人交往且能和睦相处的能力。

⑦自我认知智能，对自身内部世界的状态和能力具有较高的敏感水平，包括认识自己并选择自己生活方向的能力。

一个人在做职业规划时要考虑到自己的能力倾向。越是与自己的智能倾向相匹配的工作越容易做好，越容易带来成就感。比如，有语言智能优势的人，在文秘、编辑等职业中容易成功；有身体运动智能优势的人，更容易成为体育运动员；有人际交往智能优势的人，做营销工作可能比其他人得心应手……当然，一种职业不止需要一种智能，而且做好一项职业与其他很多因素也有关系，如勤奋、责任感、意志力等。考虑能力倾向的同时，也要关注职业需求的各个方面。

课堂思考

你在哪一种智能上更具有优势？具体表现在哪些方面？

____

____

提示：智能优势不是一成不变的，它可以通过不断学习来获得。根据自己的优势智能，可以查找对应的个性化的学习方式和学习方法，以便自己在学习过程中更加有效地利用自己的智能优势。同时，针对自己的智能弱势，也可以在日常的学习、工作、生活中，有意识地增加从事该类智能活动的机会，从而得到锻炼和提高。

（2）方法能力

方法能力指从事具体职业活动所需要的学习能力和规划能力。具体而言，就是独立学习、获取知识技能的能力，以及对自己在职场中的发展进行思考和评判，并设计自身发展道路的能力。

一个具有方法能力的人更能找到适合自己学习、工作的方法，在学习和工作中事半功倍，得心应手。

（3）社会能力

社会能力指在职场中与他人沟通、相处、协作的能力，也包括职业道德和环境意识。在当今“以人为本”的社会中，社会能力越来越受到重视，几乎已成为劳动者的必备素质。社会能力强的人善于与人交往，能更好更快地适应职场和人际圈，无论是作为上司还是作为下属都能处理好社会关系，也能受到同事的欢迎和好评。更重要的是，社会能力强的人面对困难时，态度大多积极乐观，善于调整自身行为，能主动解决问题。

虽然方法能力和社会能力在一定程度上与人自身的自我认知智能和人际交往智能有关，但正如上文所说，优势智能并不是一成不变的，而是可以通过不断学习来获得的。

2. 综合职业能力

综合职业能力通常被称为关键能力，它与具体的专业知识和技能没有直接关联，或者说超出具体的专业知识与技能。有研究者认为，关键能力是方法能力和社会能力的抽象和深化，它可以迁移和运用到很多职业，能做到跨时间、跨专业、跨行业，胜任职业生涯发展中不可预见的各种变化。比如，当更换职业或者岗位时，拥有关键能力的人，不会因为原有专业知识和技能不适应新岗位而不知所措，而是能够迅速适应新环境，习得新知识，将原有知识和技能进行迁移，并对职业所要求的专业知识和技能进行创新，以便更好地适应职业的专业要求。

拥有关键能力的人往往对职业有着更高的追求，为了促进专业技能发展，运用自己的分析、抽象和创造能力不断发现和创新，是国家和社会需要的人才。

课堂活动

夸夸自己

请在5分钟内，尽可能多地写下自己所拥有的能力。

与你的同伴分享，看看谁写得多。

大家写得一样多吗？有什么不同？

汇总大家所写的能力，可以将它们分类吗？试着分一分吧。

____

____

____

____

三、在学习和实践中提高职业能力

1. 学习专业知识技能是提高职业能力的基础

专业知识技能包括两个方面：专业知识和专业技能。其中，专业知识是专业能力形成和提高的理论基础。比如，要做好一名厨师，需要掌握各种原材料的性质、营养配比等知识，才能在烹饪中得心应手，进而有所创新。专业技能需要经过反复和系统地训练才能达到一定的熟练程度，形成初步的技术经验。比如，厨师在掌握了专业知识基础上，还必须下厨实践，掌握切、炒、煎、调味等操作技能，才能成为一名合格的厨师。

2. 在实践中发挥职业潜能

每个人优势智能是有差异的，同样的职业成就水平也有高低。但是优势智能并不是决定成功的唯一因素，成功在更多的情况下取决于一个人的情感意志等非智力因素。当我们正确面对、充分发掘自己的潜在智能时，才能不断提高自己的职业能力。如赵玉芬从一名中职毕业生成长为著名的服装设计师，李斌从一位技校生成为全国同行业公认的数控技术应用专家。

3. 掌握共同的职业能力

要做好任何一项工作，都必须具备这项工作所需要的专业能力，如数学运用能力、空间判断能力、形体知觉能力、颜色分辨能力、手眼协调能力等。但是，随着科技的进步和职业的变化，职业对从业人员的能力要求也愈来愈全面。人们逐渐认识到，一些关键的能力为从事现代职业所不可缺少的，如计算机应用和操作、善于学习、合作、人际交往能力等。

另外，对环境的适应能力以及遇到挫折时良好的心理承受能力，也是我们在职业活动中不可缺少的能力。目前，社会上有很多年轻人刚刚踏上工作岗位，不能有效地适应环境，工作上遇到很多挫折，有的人随意选择了辞职、跳槽，有的人心理承受力较弱，产生了退缩、焦虑、抑郁情绪，这些都不利于他们职业的发展。因此，提高从业人员的心理素质也是重要的方面。

课堂思考

你具备了多少职业能力？还有哪些方面是欠缺的？

____

____

____

____

提示：一个人的诚信、敬业精神等品质也是必不可少的哦！

四、中职生就业的独特优势

中职生就业的独特优势有如下三个方面。一是中职生具备了一定的专业基础知识和职业技能，能很快学习和掌握相关岗位需要的新知识、新技术，动手操作能力强；二是中职生大都劳动态度好，勤快肯干，能安心于已争取到的职业岗位；三是劳动成本低，中职生拿的薪酬在单位工作人员中属较低等，而且因为年轻，可塑性强，培养和使用的机会也就多。这几年，用人单位经过人员使用的实践比较，对用中职生好处的认识逐渐加深，中职生在就业市场上重新受到广泛的欢迎。所以，中职生在就业竞争中应认识自己的价值，在竞争中找到一个更理想的职位。

小故事

生活常识的考验

一个大型国有企业总裁，要招聘一名总裁办公室文员。在面试的那一天，这位总裁带着他的随从，包括人力资源部经理、办公室主任坐在主考官席上，旁边是人才市场的主任，对面坐着一排前来面试的候选者。面试开始后，他对面试中的一位女同学说："请你上来给我们每个人倒一杯茶。"于是，这位女同学拿起热水壶。在整个倒水过程中，这位女同学至少犯了三个错误。第一个错误，她站的位置不对。她站在考官与面试者之间倒茶，阻挡了考官与面试者的视线交流，正确的做法是站在考官背后。第二，茶杯都是有杯盖的。她将杯盖打开之后，一个个都朝下放在桌面上，杯盖容易沾上灰。第三，她倒茶时，没有把茶杯拿起来，热水壶提得很高，结果水倒下去都溅了出来，溅湿了每个考官的笔记本。见状，总裁大皱眉头。当然，这位女同学没有被录用，即使她的笔试成绩是第一名。连杯茶都不会倒，怎么来当总裁办公室的文员？

价格与价值

一家公司招聘业务人员。其中，一位应聘者资历不凡，对于公司而言，有小庙容不了大佛的顾虑，因此公司不抱太大的希望。面谈时，公司很诚恳地告诉他，依据公司规定，无法给他太高的薪水。原以为他会就此放弃，没想到他竟然愿意接受薪水不到原来的一半的条件，这让公司有点意外。正式上班后，他也没有表现出出身大企业的骄傲，准时上班，报表填写清楚，勤跑客户。过了不久，他的业绩远远超出大家的预期，于是在最短的时间内，公司破格让他晋升，而且大幅度加薪。从此，他也更加卖力，为公司创造了更好的业绩。

了解之后才知道：原来他在前一家公司已当上了主管，工作相当顺利，对薪水也十分满意。原以为可以衣食无忧，没想到公司投资失败，老板不知去向。之后一段时间找工作时，他也曾经因为薪水无法达到自己的要求而怨天尤人，认为自己怀才不遇。但经历了一段时间的挫折之后，他选择重新开始。他领悟到，价格是别人给予的，随时可以拿走，价值却是自己创造的，任谁也无法带走。

心理拓展

IT 时代获取成功须具备的十种能力

20 世纪 90 年代初出现的互联网，标志着人类社会开始进入一个崭新的时代。这就是信息化时代，或者称为 IT 时代。在这个时代中，人才的竞争显得空前激烈。那么，作为 IT 时代的人，具备哪些能力才能适应现在的社会环境，并最终走向成功呢？

1. 应变能力

信息时代，瞬息万变，要想在这多变的世界中获取成功，就必须要求自己练就一种非凡的应变能力。目前，全世界的人都在焦急地等待真正意义上的网络经济的到来，随着网络经济泡沫的减少和含金量的不断上升，人力资源的发现—培养—抛弃的循环过程会更快，人力资源的周期大为缩短。在这种变幻莫测的环境中，我们时刻面临着更新自己知识体系的压力。作为高效快捷的信息时代中的主角，我们需要有随机应变的能力，根据环境做出适当的调整，以备不时之需。

2. 交流和发挥想象的能力

在信息时代中，能尽快被社会接纳的一个很重要的前提就是，我们必须具有把握信息和获取信息的能力，但要拥有这些能力就必须善于交流和发挥自己的想象。另外，在快节奏的工作环境中，交流障碍很可能成为致命的问题。听得认真、写得明白、看得仔细、说得清楚、叙述准确将具有不可估量的价值。

3. 观察分析能力

现在的社会是一个网络社会，在这个社会中要想获取财富、走向成功，就必须有较强的观察和分析事物的能力。因为网络经济下财富的获得不是通过对已掌握的原有知识的完美组合，而是通过对尚不了解的新知识的捕捉。我们生活在这种网络经济环境中，要寻找到机会，将这些不了解的新知识转化为原始创新力。

4. 开拓创新能力

对于我们IT时代的人而言，创新是取得成功的一个重要保证。创新能力是我们每一个社会公民都应努力培养的能力。在信息社会背景下的市场，各种新的知识、新的商机层出不穷。这样，应聘者的思维能力、反应能力、判断能力及对事业追求的热爱和执着程度，便成了单位或企业领导权衡一个人可用或不可用的准绳。

5. 组织和表达能力

各种网络语言的出现。在一种程度上影响了我们日常的表达能力和组织能力。此时，我们应有意识地加强在这方面培养。因为无论到哪里，组织工作都是必不可少的。如调拨财力物力、设置工作流程、制定市场营销战略、寻找赢利机会等，这些都需要高水平的组织能力。另外，工作最有成效的IT人将是那些懂得如何表达自己的思想并得到别人的理解与支持的人，出色的游说能力在未来人际交往中必不可少。

6. 超强的抗压能力

生活在信息时代，我们越来越感觉到工作节奏明显加快。网络经济的生长、成熟、衰退都要有一个过程，但其成长速度对IT人而言，似乎过于残酷。IT人在感受IT给人带来成功的快感的同时，也要承担IT给人带来的巨大压力。IT业的人力超高流动性对网络经济是有促进作用的，但对IT人并不公平。他们可能在失去光环的同时还要考虑转行、担心被裁员。心理承受力对IT人而言，是一大考验。

7. 业务专长能力

在IT时代，只有专业技术知识已经远远不够了，IT时代的人才要能快捷高效地“无纸办公”。这就要求我们必须把自己的专业才能与电脑、网络运用结合起来，有深厚专业技术的人必须懂得并将电脑和网络技术运用于专业上。若有电脑软件开发、电子商务操作等专业特长，往往会被用人单位和企业优先聘用。

8. 工作能力

在讲究经济效益的市场经济中，每一个企业都希望自己所聘用的员工能快速胜任自己的工作，并在工作中取得好的成绩。这时，工作经验就成了一个 IT 人的重要本钱。在众多单位或企业老板的眼里，具有丰富工作经验的人，往往有很强的工作能力，能够为企业创造骄人的业绩。

9. 与他人团结协作的能力

信息时代的社会分工越来越细，某个工程或者是某个项目通常需要若干人通力协作才能完成。因此，在这个团结协作的过程中，我们需要更好地发挥个人的主人翁意识，更需要与他人协作共同发挥团队精神。网络时代的团队精神，不仅能表现一个人的品质，而且是高质、高效、出成果的前提和保证。

10. 可转移能力

可转移能力是基于行动的一种能力，是指分析、写作、推理、管理等能力。在高效快捷的信息时代中，每个人不可能单纯地只从事某一种职业，在企业和行业不断发展更新的今天，我们个人的学习技能和个人特质也在不断更新。要想成功适应这种不断运动的社会，个人的能力也必须处于“运动”之中，而这个“运动”的能力就是我们所说的可转移能力。

趣味测试

多元智能类型的自我检测

请在符合自己智能表现的项目括号中打“√”，然后看看你的优势智能体现在哪些方面。

（ ）1. 我的写作能力比同龄人更好一些。

（ ）2. 我常讲故事给别人听。

（ ）3. 大家都爱听我说笑话。

（ ）4. 我很快就能记住人名、地点、日期和发生的事情。

（ ）5. 我喜欢玩文字接龙、猜谜游戏或填字游戏。

（ ）6. 我喜欢读书。

（ ）7. 我不会写错字。

(　　) 8. 我喜欢绕口令、俏皮话、双关语和儿歌等。

(　　) 9. 我爱听故事、相声或广播节目。

(　　) 10. 我所用的说话词语，超过同龄人。

(　　) 11. 我很会用语言和别人沟通。

(　　) 12. 我很会编故事。

(　　) 13. 我写过一些文章，能得到他人的注意和赞赏，这使我很自豪。

(　　) 14. 我能说服别人同意我的想法。

(　　) 15. 在学校，语文、历史对我而言，比数理化容易。

(　　) 16. 我常问一些关于做事程序或怎么做的问题。

(　　) 17. 我的心算能力很好。

(　　) 18. 我喜欢数学课或自然课。

(　　) 19. 我对数学游戏或计算机感兴趣。

(　　) 20. 我爱玩象棋或其他策略游戏。

(　　) 21. 我喜欢做一些逻辑推理或智力挑战的难题。

(　　) 22. 我喜欢把事物分类或分等级。

(　　) 23. 我喜欢做高难度的实验或过程复杂地思考。

(　　) 24. 我比同龄人更会进行抽象地思考。

(　　) 25. 我比同龄人更了解事物的因果关系。

(　　) 26. 我常喜欢对事物提出假设，再想办法证明对不对。

(　　) 27. 我喜欢玩与逻辑有关的游戏或智力测验。

(　　) 28. 我对被测量、归类、分析、确定过的事物比较容易相信。

(　　) 29. 我喜欢寻找事物的规律、形式及逻辑顺序。

(　　) 30. 我崇拜很多科学家。

(　　) 31. 当我闭上眼睛时，我可以在脑子里想象出清晰的影像。

(　　) 32. 我喜欢看很多图解的阅读材料。

(　　) 33. 我喜欢图画、劳作或雕塑。

(　　) 34. 在美术的学习上，我比同龄人表现得更好。

(　　) 35. 我爱看电影。

(　　) 36. 我喜欢玩拼图、走迷宫。

(　　) 37. 我喜欢玩积木，或有趣的立体模型。

(　　) 38. 我爱看美术作品。

(　　) 39. 我喜欢随手涂鸦，拿笔画画。
(　　) 40. 我常用照相机或录像机拍下我周围的事物。
(　　) 41. 我能在脑子里想象各种可能的新事物。
(　　) 42. 在学校，几何对我而言，比代数容易。
(　　) 43. 我认识道路的能力很棒，即使在陌生的地方也很容易找到路。
(　　) 44. 我能用简单的图说明去某一个地点要怎么走。
(　　) 45. 我能适当地搭配颜色，让人觉得好看。
(　　) 46. 我能用脸部表情和身体动作代替说话，以此表达我的想法。
(　　) 47. 我喜欢参加体育活动，或进行体育练习。
(　　) 48. 我坐不了多久，就想起来活动。
(　　) 49. 我喜欢缝纫、编织、雕刻、木工或做模型等需要动手的活动。
(　　) 50. 我喜欢拆开物品或组装物品。
(　　) 51. 我学习新事物时，常利用触摸、操作的方法。
(　　) 52. 我喜欢跳舞。
(　　) 53. 我喜欢演戏。
(　　) 54. 我的动作比同龄人更协调。
(　　) 55. 我的身体协调能力比同龄人更好。
(　　) 56. 我喜欢不断练习，让自己跑得快、跳得高。
(　　) 57. 动手做能让我学得更快、更好。
(　　) 58. 我最好的想法常出现在我走路、跑步或做一些肢体活动时。
(　　) 59. 我喜欢在户外活动。
(　　) 60. 我与人谈话时，常用手势或肢体语言。
(　　) 61. 我能听出别人唱歌唱得不准。
(　　) 62. 我的歌声很好听。
(　　) 63. 如果我听一首音乐一到两遍，一般就能准确地唱出来。
(　　) 64. 我会弹奏一种乐器。
(　　) 65. 我参加音乐团体，如交响乐团、合唱团等。
(　　) 66. 我能跟着音乐，拍打正确的节奏。
(　　) 67. 我喜欢听音乐。
(　　) 68. 我走路的时候，脑子里自然出现某种我熟悉的旋律。
(　　) 69. 我喜欢自编旋律。

(　　) 70. 我喜欢改编歌词。

(　　) 71. 我能辨别不同音乐所表达的情绪。

(　　) 72. 我经常在写作业或走路的时候，哼唱熟悉的曲子。

(　　) 73. 我对生活环境中的声音很敏感。

(　　) 74. 如果没有音乐，我的生活会很无聊。

(　　) 75. 我知道很多歌曲和乐曲的旋律。

(　　) 76. 我常带领一些同学一起玩游戏。

(　　) 77. 我喜欢和别人一起运动，例如，打篮球、打羽毛球、打棒球。

(　　) 78. 我会给碰到问题的朋友提出意见。

(　　) 79. 我有两三个最要好的朋友。

(　　) 80. 我喜欢教别人学习新事物。

(　　) 81. 我周围的人都很愿意向我征求意见和建议。

(　　) 82. 我能从脸部表情察觉别人是不是喜欢我。

(　　) 83. 我能从声音察觉别人是不是喜欢我。

(　　) 84. 我能从身体或手的动作，判断别人是不是在攻击我。

(　　) 85. 当我碰到问题时，我愿意先主动找别人帮忙而不是先试图自己解决。

(　　) 86. 我会关心别人的心情好不好。

(　　) 87. 当别人反对我时，我会考虑他为什么会这样做。

(　　) 88. 我在人群中感到很舒服。

(　　) 89. 我喜欢参加单位、地区的社会活动。

(　　) 90. 我愿意晚上参加聚会而不愿一个人待在家里。

(　　) 91. 我常常静下来，想一想自己所遇到的问题。

(　　) 92. 我可以一个人独自玩耍或学习。

(　　) 93. 我从各种反馈渠道中，清楚了解我的优缺点。

(　　) 94. 我喜欢独自工作，而不是和别人合作。

(　　) 95. 我清楚地知道自己喜欢什么，不喜欢什么。

(　　) 96. 我能察觉到自己快要发脾气了。

(　　) 97. 我清楚地了解自己的兴趣和嗜好。

(　　) 98. 我能正确说出自己的感觉。

(　　) 99. 我不做自己完成不了的事。

(　　) 100. 我按照自己的标准完成工作。

(　　) 101. 我确信自己是一个有价值的人。

(　　) 102. 我的个性独立、意志坚强、不依赖别人。

(　　) 103. 我每天都记日记或静静地反省自己做过的事。

(　　) 104. 我喜欢接近大自然，不喜欢热闹的人群。

(　　) 105. 我经常思考我的重要人生目标。

提示：在完成以上自我测验后，请你统计一下以上题目符合你实际情况的项数，并填入表 7－3 中。其中，符合项数最多的，是你的智能优势所在。相反，符合项目最少的，是你的智能弱势所在。请记住，智能优势不是一成不变的，它可以通过不断学习来获得。

表 7－3　结果统计表

智能类型	相关能力	题号	符合数
语言智能	有关阅读、说话、写作等能力	1～15	
数学逻辑智能	有关自然科学、数学的能力	16～30	
视觉空间智能	有关美术、劳作、雕塑的能力	31～45	
音乐智能	有关唱歌、演奏、填词、作曲的能力	46～60	
身体运动智能	有关运动、舞蹈、戏剧、操作的能力	61～75	
人际交往智能	有关了解别人、与人相处、交朋友的能力	76～90	
自我认识智能	有关沉思、反省、了解自己的能力	91～105	

提示：以上测试仅供参考，不必刻意“对号入座”。

心灵体验

1. 采访父母，了解他们的工作，看看他们的价值观如何。

____

____

2. 采访学长学姐，了解他们的工作，看看他们的价值观如何。

____

____

3. 评估与思考

(1) 请正确评估自己的智能特点，找出自己的智能优势。

智能类型	我的智能水平 （强　较强　一般　较弱）
语言智能	
数学逻辑智能	
视觉空间智能	
音乐智能	
身体运动智能	
人际交往智能	
自我认识智能	

（2）请思考如何利用自己的智能优势提升专业能力（可以从时间、环境、方法、反馈等方面进行思考）。

____

____

（3）请对照自己目前的职业能力，设计一个提高职业能力发展的计划。

____

____

话题八

珍爱生命　逆流勇进

学习目标

知识目标

☆明确挫折具有普遍性。

☆了解生命的意义和价值。

☆掌握马斯洛的需要层次理论，分析自己的需求。

☆了解网瘾的危害和网络成瘾的心理原因。

☆掌握远离网瘾的途径。

能力目标

☆培养正确认识、分析挫折的能力。

☆科学使用网络，提高避免网瘾的能力。

素质目标

☆掌握积极的心理调适方法，并去应对挫折，相信行动最终能战胜挫折。

☆培养对生命的热爱和重视，以积极心态面对人生中的各种变化和挑战。

☆培养正确的世界观、人生观和价值观，培养良好的兴趣爱好和行为习惯，珍爱生命，远离网瘾。

活动二十　勇敢面对挫折

人的生命的洪水在奔腾，不遇到岛屿和礁石，难以激起美丽的浪花。

——奥斯特洛夫斯基

课堂引入

挫折的困扰

李军是一所中等职业学校机电专业二年级的学生。他性格活泼好强，热衷社团活动，表现积极，开学至今一直是班长，很受师生的喜爱。谁知，在前不久的校学生会竞选中，他却落选了。这突然的“失宠”使他难以接受，心里像打翻了“五味瓶”，情绪一落千丈，不愿讲话，不愿见人，学习成绩直线下降。

想一想：你觉得李军的根本问题是什么？如果你是他的朋友，你该如何劝解他？

生活就像一本书，它拥有你难以估量的厚度，里面记载着你点点滴滴的人生历程，或许这一页是阳光灿烂的成功，而下一页可能就是不堪回首的挫折……面对挫折的时候，每个人的表现都不同，有的人越挫越勇，在经历风雨之后，见到彩虹；而有的人却一蹶不振，永远生活在阴影之中。

一、直面眼前的难题

人生在世，谁都会遇到挫折。适度的挫折具有一定的积极意义，它可以帮助人们驱走惰性，促使人奋进。挫折又是一种挑战和考验。英国哲学家培根说过：“超越自然的奇迹多是在对逆境的征服中出现的。”关键的问题是应如何面对挫折。

第一，沉着冷静，不慌不怒。

第二，增强自信，提高勇气。

第三，审时度势，迂回取胜。所谓迂回取胜，即目标不变，方法变了。

第四，再接再厉，锲而不舍。当你遇到挫折时，要勇往直前。你的既定目标不变，努力的程度加倍。

第五，移花接木，灵活机动。倘若原来太高的目标一时无法实现，可用比较容易达到的目标来替代，这也是一种适应的方式。

第六，寻找原因，理清思路。当你遇到挫折时，先静下心来把可能产生的问题的原因找出来，再寻求解决问题的方法。

第七，情绪转移，寻求升华。可以通过自己喜爱的集邮、写作、书法、美术、音乐、舞蹈、体育锻炼等方式，使情绪得以调适，情感得以升华。

第八，学会宣泄，摆脱压力。宣泄可以消除因挫折而带来的精神压力，可以减轻精神疲劳；同时，宣泄也是一种自我心理救护措施，它能使不良情绪得到淡化和减缓。

第九，必要时，求助于心理咨询。心理医生会对你动之以情，晓之以理，导之以行，循循善诱，使你从“山重水复疑无路”的困境中，步入“柳暗花明又一村”的境界。

第十，学会幽默，自我解嘲。当你遭受挫折时，不妨采用阿 Q 的精神胜利法。比如“吃亏是福”“破财免灾”“有失有得”“难得糊涂”，冷静看待挫折，用幽默的方法调整心态。

人生在世，不可能时时春风得意，事事顺心。当遇到挫折时，也是要保持一种恬淡平和的心境。一个人要想保持健康的心境，就需要升华精神，修炼道德，积蓄能量，风趣乐观。正如马克思所言：“一种美好的心情，比千服良药更能解除生理上的疲惫和痛楚。”

课堂活动

回忆你所经历过的挫折以及它们给你的人生带来的影响，从积极和消极两个方面来分析，并填在表 8－1 中。

表 8－1　挫折分析

挫折发生的时间	经过	消极影响	积极影响
中职一年级	因为忙于学生会的工作，而被好朋友疏远	感觉孤独，心情不好	学会了如何对待友谊和选择朋友

二、将挫折变为财富

将挫折变为财富可能是一项具有挑战性的任务，以下的一些方法，可以帮助你变挫折为财富。

1. 接受挫折

首先，接受挫折是转变的关键。面对挫折时，要意识到它是成长和学习的机会，而非失败。接受挫折，从中学习并成长。

2. 思考和分析

反思挫折的原因和可能导致的结果。寻找问题出现的原因，探索自己在其中的角色和责任，并制订计划来解决问题。

3. 追求自我成长

把挫折看作个人成长的机会，寻找培训、学习和发展机会，提高自己的技能、知识和能力，以更好地应对未来的挑战。

4. 寻求反馈和支持

多听取他人的反馈和意见，以获取不同的观点和建议。寻找支持和能帮助你的人，例如，导师、朋友或专业顾问，他们可以提供指导和支持。

5. 转变态度

培养乐观和积极的态度来面对挫折。相信自己可以克服困难，并不断寻找解决问题的方法。把挫折看作通往成功的必经之路，从中获得动力和决心。

6. 创新和适应能力

挫折可能需要我们改变原有的计划和策略。培养创新和适应能力，灵活地调整自己的想法和方法，以适应新的情况和挑战。

7. 持续努力和坚持

重要的是保持对目标的追求，并保持积极的态度。不要因为挫折而放弃，而是坚持努力，持之以恒地追求自己的目标。

三、挫折的心理应对方式

1. 积极方式

（1）补偿

个体在生理上或心理上实际存在或想象存在某种缺陷时，采用种种方法弥补缺陷，以减少焦虑。

（2）升华

将不被认可的动机和欲望，转向社会认可的活动中去，以寻求变相的满足，称为升华作用。

（3）幽默

用含蓄、诙谐、给人启迪的语言和动作来化解尴尬摆脱困境，以缓解由此而引起的紧张、焦虑、难堪和不安。

2. 消极方式

（1）合理化

给自己的行为找个理由，但所谓的理由只是“文过饰非”，为自己开脱，以减少内疚和痛苦。

（2）投射

把自己所不喜欢、不被社会认可的性格、欲望、观念、态度等转移到他人身上，认为他人比自己更严重，以此保持心理安宁。

（3）反向

内在动机与外在行为不一致，实际上就是口是心非。如对仇视的人特别亲近。

（4）移置

通过转移对象来间接满足受挫感，以使心理获得平衡。

课堂思考

在挫折面前，你常常采取何种应对方式呢？

____

____

____

提示：合理地应对挫折是保持心理平衡，防止心理崩溃的措施。消极的方式过度运用或运用失当，会对自己的成长不利。

小故事

挫折——人生的宝贵财富

古人云：“人生逆境十有八九。”这意味着挫折在人的一生中是难以避免的。我国女子国际象棋大师谢军，在获得两次世界冠军之后，却输掉了1996年的冠军卫冕战。她当时很受打击，曾一度怀疑自己的能力。但在冷静之后，她认为应该在哪儿摔倒，就在哪儿爬起来。经过3年的努力，最终她第三次获得了世界冠军。

古人云：“天将降大任于斯人也，必先苦其心智，劳其筋骨，饿其体肤，空乏其身。”这就告诉我们：做任何事情要想获得成功，必须得付出代价，而挫折和失败是所付出代价的一部分。遇到失败或是挫折并不可怕，关键是你如何去面对。在痛苦中重新思考，从失败中吸取力量，将挫折和不幸转化为宝贵的财富，这样的人生才有意义。

从小报童到保险业大王

克里蒙·斯通，幼年丧父，贫困的家境让他当起了报童，这样的经历给了他吃苦耐劳、坚忍不拔的精神。16岁那年，他开始尝试推销保险，虽然遭受了很多白眼和挫折，但是他坚持不懈，从中积累了很多经验。20岁那年，他开了一家保险经纪社。在美国经济大恐慌的时代，保险业也开始萧条。但斯通并没有灰心，他从1 000名推销员中，选择了训练有素的200名，与他们共同推销，最终取得了超高的成绩，并趁机买下几家即将垮掉的保险公司，成了美国的保险业大王。

如果不是贫困的家境，斯通就不会去当报童。卖报和卖保险都是从被拒绝开始的，但无数次地被拒绝，却教会了斯通如何在别人的手指缝里寻找机会。生于苦难的环境，又在挫折中曲曲折折地前进，使他能临变不惊，最终成为美国保险业大王。

我的不幸使我更坚强

小苹由于小时候生活在爷爷家里，缺少必要的父爱与母爱。长大后，她回到了父母的身边。可是父母每天都为经济上的事争吵，甚至签了离婚协议。小苹有一种说不出的心酸，经常一个人偷偷地哭泣。母亲甚至不让她继续上学，想让她早一点去工作，理由是家里经济拮据，无法支付她的学费。小苹开始感到绝望，甚至有了想死的念头。但她想到了关爱她的老师和同学，便勇敢地站了起来，决定主宰自己的命运。于是，她努力学习，以优异的成绩毕业后，开始积极求职。求职之路也很坎坷，因为她长得矮小，又没有经验，所以面试屡屡失败。但是，小苹并没有灰心，反而愈挫愈勇。现在，她已经有了一份固定的收入，不仅可以养活自己，还可以补贴家用，父母的关系也渐渐地好了起来。小苹常常想：“是父母给了我生命，不幸的遭遇对我而言，也是一种历练、一种财富，使我变得坚强。我要感谢给我生命、使我坚强的父母。”

心理拓展

坚毅（节选）

［美］安杰拉·达克沃思
安妮　译

在得知野兽营后不久，我找到迈克马修，他已在西点军校任军队心理学家多年。迈克解释说，西点军校的招生程序能成功地鉴别出具有潜质的学员。录取人员计算了每一位申请者“候选总分”，这是一个综合了以下项目的加权平均分：SAT 或 ACT 分数、高中成绩排名、专家对其领导力潜质的评估及其体能测试的表现。

候选总分是西点军校评估申请者的最佳工具，它可以用来预测申请者有多少潜能，是否能经得住 4 年的严格训练，并掌握军队领导人所需要的众多技能。

候选总分是西点军校录取中最重要的一个因素，但它也不能完全准确地预测出野兽营的训练结果。事实上，那些候选总分最高的学员退学的可能性与得分最低的学员几乎是一样的。这也是迈克邀请我参与研究的原因。

根据他年轻时参加美国空军的经验，迈克对这个谜题提供了一条线索。尽管他从军之初的训练没有西点军校这么严酷，但是也非常相似，最重要的一点在于，挑战超出了学员现有的技能水平。当时，迈克和其他队友每小时都要完成超出极限的挑战。迈克说：“在那两周里，我感到疲劳、孤独，有受挫感，真想不干了——跟我们班其他的同学一样。”

一些人确实选择了退学，但迈克没有。

让迈克无法理解的是，那些能让人应对艰难困苦的特质，几乎与天赋一点儿关系都没有。放弃训练的人极少是因为他们缺乏能力，迈克认为，关键在于他们可能缺少一种“永不放弃”的态度。

趣味测试

人生是什么？

请根据自己的实际情况，将符合的选项填在括号里。

1. 人生是愉悦的。(　　)

A. 是的　　B. 不一定　　C. 不是的

2. 人生是至关重要的。(　　)

A. 是的　　B. 不一定　　C. 不是的

3. 人生是美好的。(　　)

A. 是的　　B. 不一定　　C. 不是的

4. 人生是冒险的。(　　)

A. 是的　　B. 不一定　　C. 不是的

5. 人生是要受教育的。(　　)

A. 是的　　B. 不一定　　C. 不是的

6. 人生是令人满意的。(　　)

A. 是的　　B. 不一定　　C. 不是的

7. 人生是要挑战的。(　　)

A. 是的　　B. 不一定　　C. 不是的

8. 人生是有意义的。(　　)

A. 是的　　B. 不一定　　C. 不是的

9. 人生太短。(　　)

A. 是的　　B. 不一定　　C. 不是的

10. 人生是令人激动的。(　　)

A. 是的　　B. 不一定　　C. 不是的

11. 人生是为了成长的。(　　)

A. 是的　　B. 不一定　　C. 不是的

12. 人生是不断变化和更新的。(　　)

A. 是的　　B. 不一定　　C. 不是的

13. 人生是为了给予的。(　　)

A. 是的　　B. 不一定　　C. 不是的

14. 人生是不能错过的。(　　)

A. 是的　　B. 不一定　　C. 不是的

15. 金钱是相对不重要的。(　　)

A. 是的　　B. 不一定　　C. 不是的

16. 人生是渴望明天的。(　　)

A. 是的　　B. 不一定　　C. 不是的

17. 时间是有价值的。(　　)

A. 是的　　B. 不一定　　C. 不是的

18. 老年如芳醇。(　　)

A. 是的　　B. 不一定　　C. 不是的

19. 苦难是成长之友。(　　)

A. 是的　　B. 不一定　　C. 不是的

20. 死是必然的。(　　)

A. 是的　　B. 不一定　　C. 不是的

说明：在完成了以上问题后，请你统计一下，你选择“是的”“不一定”“不是的”的题目各占多少。选择“是的”的题目越多，说明你的观念越健康，越富有人性；选择“不一定”的题目越多，说明你的观念处于不确定之中，需要做出相应的调整；选择“不是的”的题目越多，说明你的观念需要改变的方面也就越多。

提示：以上测试仅供参考，不必刻意“对号入座”。

活动二十一　展示生命活力

生命不可能有两次，但许多人连一次也不善于度过。

——吕凯特

课堂引入

这些烦恼你有吗？

烦恼一：学习和考试。有些同学为“课听不懂”“作业不会做”“不想学”“学不进去”“成绩不如人”而烦恼。

烦恼二：钱不够用。有些同学进入中职后，越来越会花钱。钱用光了怕父母责骂，就向同学借。有的借钱不还，有的迟迟才还，因此，和同学之间产生许多矛盾，又带来新的烦恼。

烦恼三：与父母难以沟通。有些家长埋怨孩子“不听话”“任性”“自私”“没有上进心”“顶嘴”“不理解自己”等；有些同学埋怨父母“老封建”“自以为是”“不可理喻”“难以沟通”“固执”“不理解自己”等。

烦恼四：同学关系不好。由于个性等原因，有些同学与同伴相处困难。他们有的被排斥和欺辱，有的自我孤立，有的没有要好的朋友。

烦恼五：有些同学感到生活单调没意思。

烦恼六：不能接受自己。有些同学有自卑心理，自我评价很低。

烦恼七：就业和升学，对未来的烦恼。有些同学担心自己未来找不到工作，不知道以后怎么办。有的不知道如何选择，选择升学怕考不上，选择就业怕找不到满意的工作。

烦恼八：异性交往。有些同学对异性交往存在迷茫和困惑。

烦恼九：父母关系不和。父母离婚、家庭成员关系紧张等。这种家庭活得太累。

想一想：在烦恼面前，是自我放逐还是让生命闪光？

每一个个体的生命都是由两种生命形式或生命内涵构成的，即物质生命（身体的）和精神生命（心灵的），这两种生命形式构成了一个人的完整生命。比如，“一个人活着，他已经死了”，这是说物质生命活着，精神生命已经死了；“一个人死了，他还活着”，这是说物质生命虽然死了，但精神生命还活着。“物质生命”的死是必然的，“精神生命”的死是相对的。因此，生命的价值和意义不在于物质生命，而在于精神生命。

一、生命是什么

你是如何理解“生命”的？想一想自己对生命的理解。

名人如是说——

卢梭：生命不等于是呼吸，生命是活动。

罗曼·罗兰：世界上只有一种英雄主义，那就是了解生命而且热爱生命的人。

奥斯特洛夫斯基：人的生命的洪水在奔腾，不遇到岛屿和礁石，难以激起美丽的浪花。

歌德：人生的根本特征在于人是生活在理想世界中的，人总是向着可能性前进，向着无限去超越。

巴金：生命的意义在于付出，在于给予，而不是在于接受，也不是在于争取。

鲁迅：使一个人的有限的生命，更加有效，也即等于延长了人的生命。

爱因斯坦：人只有献身社会，才能找出那短暂而有风险的生命的意义。

二、同龄人的心声

小钰：我要掌握自己的命运。首先建立目标，然后把冷静、执着、坚强、乐观作为我的生活守则，通过顽强努力，达到目标。

小缪：在人生的道路上，一切都要靠自己的努力。不管遇到什么事，都不要害怕，勇敢面对，就会看见成功的彩虹。

小明：我们在有限的生命中做一些有意义的事，等到垂暮之年时，回头看看，也不枉此生，我认为这就是生命的真谛。

三、生命的诞生

生命是一个卵子和一个精子相结合的结果。

女性一生约产生400个成熟卵子，成熟女子每月只排出1个卵子，而成熟男子每次可排出约1.5亿只精子。最终，只有一个精子与卵子结合产生生命。从这种意义上而言，我们每个人都来之不易，每个人都是一个强者且都很珍贵，生来就是一个冠军。

四、需求与烦恼

1. 马斯洛需求层次理论

美国心理学家马斯洛认为，人类的需求可分为生理需求、安全需求、社会需求、尊重需求、自我实现需求，由低级到高级的五个层次（图8－1）。

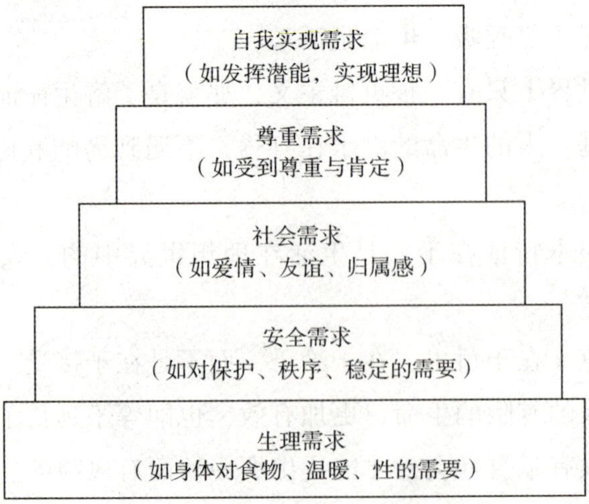

图8－1　马斯洛需求层次理论

人们的需求不同，烦恼也就不同。人的需求是不断发展的，烦恼也会不断出现。

课堂思考

1. 对你而言，哪些需要是最重要的，哪些是不重要的？为什么？

____

____

2. 你目前的学习和生活能满足你哪些需要？

____

____

3. 回顾过去，你的需要是否有所改变？如果改变，是什么时候、什么原因？

____

____

4. 亲爱的同学，你觉得你的需要与你的烦恼有一定关系吗？

____

____

2. 积极应对烦恼

面对烦恼，积极地应对办法有这样几个步骤：

（1）确定问题——烦恼是什么。

（2）寻找原因——为什么烦恼。

（3）找出对策——消除烦恼。

当然，有时烦恼并没有具体原因，可能只是一时的情绪波动。这时，只要通过转移注意力、运动、倾诉等就能解决了。

课堂活动

我的选择

人生不可能十全十美、一帆风顺。你不可能拥有一切，也不会全被剥夺。表8－2中列出了令人“渴望的”和“厌恶的”内容，请你每选一项“好的”，必须同时选一项“不好的”，看看你到底选什么。

请认真思考，并根据表格内容，填写自己的选择。

表 8－2 我的选择

令人渴望的，好的	令人厌恶的，坏的	我的选择
英俊、漂亮、健康、运气好、富有、快乐、高大、苗条、健壮、幸福、年轻、成功、善良、智慧、权力、奉献、名声好	瘦弱、衰老、疾病、矮小、不幸、运气差、贫穷、悲伤、挫折、貌丑、肥胖、失败、痛苦、恶行、愚钝、自私、名声坏	

五、珍爱生命

以下为不珍爱生命的种种现象。

1. 做一天和尚撞一天钟，得过且过。

2. 无节制地打游戏、聊天、玩手机，透支健康。

3. 酗酒、抽烟、吸毒，出入不适当的营业场所。

4. 欺负弱小同学、打架斗殴、逃学。

5. 自伤、自虐、自残、自杀。

同学们在生活中难免会遇到诸如学习、就业、情感等方面的烦恼，而每个人在烦恼面前的不同态度会导致不同的结果。有些人积极面对，逆流勇进；有些人消极对待，自暴自弃，甚至放弃生命。

在我国青少年死亡的各种原因中，排在第一位的就是自杀。自杀事件的发生一定有客观原因，然而，心理承受力较差，缺乏解决问题的能力，也是重要因素。爱惜自己的生命，养成尊重生命、爱护生命、敬畏生命的意识，是我们每个人必须认真思索的课题。

人最宝贵的是生命，生命于我们每个人只有一次。

课堂思考

1. 珍爱生命我们可以做些什么？

(1) 人生要有________________（提示：目标）

(2) 日常生活应有________________（提示：规律）

(3) 娱乐活动应________________（提示：健康向上）

(4) 与人相处应________________（提示：友善）

(5) 面对逆境应________________（提示：坚强）

课堂思考

（6）面对霸凌应__________________（提示：寻求家长或老师保护）

（7）面对骚扰应______________________________（提示：镇定、冷静）

（8）预防艾滋病应______________（提示：避免接触他人体液、血液）

2. 请你做几道算术题。从这些题目的答案里你能悟出什么道理呢？

（1）如果人的一生以 80 岁计，共有多少天？

____

（2）如果我们今天 16 岁，已经过了多少天？

____

（3）如果每天看 30 分钟的书，平均 10 天可看一本书，一年可看多少本书？

____

（4）如果每天写 500 字，一年可写多少字？

____

（5）如果每天记 5 个单词，一年可记多少个？记 7000 个单词需要几年？

____

提示：生命是由时间组成的，时间对每一个人的生命有特别的意义。

小故事

生命的价值

有一个生长在孤儿院的小男孩，常常悲观地问院长："像我这样的孩子，活着还有什么意思呢？"院长笑而不答。

一天，院长交给小男孩一块石头。这块石头从外观上看与普通的石头没什么两样。院长对小男孩说："明天早上，你拿这块石头到市场上去卖。但记住，无论别人给多少钱，你都不要卖。"第二天，小男孩拿着这块石头蹲在角落里，一个鉴宝的人要出很高的价买这块石头，小男孩没有卖。这位鉴宝的人又说："小孩，你这块宝石是家传的吧，它的色泽与纹理都很独特。"

小男孩兴冲冲地跑回孤儿院，把这一切讲给院长听。院长听后对小男孩说："生命的价值也像这块'石头'，表面上看，它没有什么特别，只有自己和他人认识到它的真正价值，它才能被珍惜。生命在自我认识和他人的肯定中放出异彩，也同时挖掘出他内在的本质和价值。”

生命清单

小张和小王因鼻子不舒服同时住进了五官科病房。在等待化验结果期间，小张说，如果是癌，就立即去旅行，首先要去的是拉萨。小王表示同意。化验结果出来了，小王只是长了鼻息肉，小张得了鼻癌。

小张列了一张告别人生的计划表就离开了医院。小张的计划是：去一趟拉萨和敦煌；从攀枝花坐船一直到长江口；到海南的三亚以椰子树为背景拍一张照片；在哈尔滨过一个冬天；从大连坐船到广西的北海；登上天安门城楼；读完莎士比亚的所有作品；去音乐厅听一场贝多芬的《命运交响曲》；成为一名师范大学的学生；为贫困地区孩子尽一份力……在这张生命的清单后面，他写道：“我的一生有很多梦想，有的实现了，有的由于种种原因，没有实现。现在我的时间不多了，为了不遗憾地离开这个世界，我打算用生命的最后几年去实现我剩下的这28个梦。”

当年，小张就辞掉了公司的职务，去了拉萨和敦煌。第二年，又以惊人的毅力和韧性通过了成人考试，成为师范大学的一名学生。这期间，他登上了天安门城楼，去了内蒙古大草原，还在一户牧民家里住了一个星期。现在，他正在实现他为贫困地区孩子做善事的愿望。有一天，小王在报上看到了有关小张的报道，就打电话去问候小张。小张说，我真的无法想象，如果不是这场病，我的生命会是多么糟糕。是它提醒了我去做自己想做的事，去实现自己想去实现的梦想。现在，我才体味到什么是真正的生活和人生。你生活得也挺好吧？小王没有回答，他的生活和生病前没什么区别。

心理拓展

如果能重活一次

娜汀·史代尔

如果我能重新活一次，就不会留下这么多的遗憾。我曾问过一些高龄长辈和重大疾病患者，他们谈到的并不是后悔做了些什么，而是遗憾还没有做些什么。

我会更勇于尝试，即使多犯几次错也无所谓。

我会放松心情，不会整日神经紧绷。

我愿过着“难得糊涂”的日子。

我不会再对每件事都斤斤计较。

我希望能把握更多的机会。

我想游遍世界各地。

我要攀爬更多的高山，游过更多的河流。

我会多吃些雪糕，少吃些豆子。

我会将理想付诸行动，而不是站在原地犹豫不决。

我这一生，每一天、每个小时都活得充实健康。我曾有过光彩，若能重来一次，我愿攀登更多高峰，这是我唯一的希冀：创造一个接一个的精彩时刻，不让人生的岁月虚度。

以前旅游时，我总是会带着温度计、热水瓶、雨衣和降落伞。我若有精力再出门，绝不会再带这一堆乱七八糟的东西。

若能再活一次，我会从早春到晚秋都赤着脚。

我想多跳几场舞。

我想多坐几圈旋转木马。

我想多摘几朵雏菊。

可惜，人生真的不可能再重来一次了，也没有那么多重来和尝试了。以有限追求无限，请珍惜活着的感觉。

趣味测试

我需要什么？

请根据自己的真实感受回答每一个问题，在符合自己的题目前的括号中打“√”，不符合的打“×”。

(　　) 1. 我希望我所拥有的物质，能满足基本生活所需。

(　　) 2. 我希望能免除饥饿与寒冷。

(　　) 3. 我希望能有足够的睡眠。

(　　) 4. 我希望能避免受到生命威胁。

(　　) 5. 我希望能在安全的环境下工作学习。

(　　) 6. 我希望能有稳定的工作。

(　　) 7. 我希望能与家人、朋友维持良好的关系。

(　　) 8. 我希望与同学和睦相处。

(　　) 9. 我希望学校班级有凝聚力。

(　　) 10. 我希望同学间彼此尊重。

(　　) 11. 我希望对学校班级的贡献能得到上级（老师、领导）的肯定。

(　　) 12. 我希望承担的工作能在自己的能力范围之内。

(　　) 13. 我希望工作学习能发挥自己的潜力。

(　　) 14. 我希望工作学习能有成就感。

(　　) 15. 我希望处理事情能胜任且愉快。

计分方法：凡打“√”的题目得 1 分，打“×”的题目得“0”分，并将得分填入表 8－3 中。

表 8－3　计分表

题号	需求层次	我的得分
1，2，3	生理需求	
4，5，6	安全需求	
7，8，9	社会需求	
10，11，12	尊重需求	
13，14，15	自我实现需求	

问题与思考：

1. 请问，对你而言，哪些需要是最重要的，哪些是不重要的？为什么？

2. 问卷中，得分最高的和最低的是哪部分？

3. 你目前的学习和生活能满足你哪些需要？

4. 回顾过去，你的需要是否改变？如果改变，是什么时候，什么原因？

5. 亲爱的同学，你觉得你的需要与你的烦恼有一定关系吗？

提示：以上测试仅供参考，不必刻意“对号入座”。

活动二十二 珍爱生命 远离网瘾

生命本身没有任何价值，它的价值在于怎样使用它。

——卢梭

课堂引入

网络成瘾的赵阳

赵阳是一名中职生，最近他的老师和家长发现他沉迷于网络，导致他的学业和社交活动受到了严重影响。赵阳整天把大量时间花在手机上，沉迷于社交媒体、网络论坛和游戏中。他无法控制自己，经常在课堂上玩手机，错过了重要的学习内容，考试成绩下降，老师对他的表现感到失望。

除了对学业的影响，赵阳的网络成瘾也使他与家人和朋友之间的关系疏远。他拒绝与家人交流，总是把自己关在房间里，与现实世界隔绝。他错过了与朋友相聚的机会，无法建立和维持健康的社交关系。他的身体健康也受到了影响，因为长时间使用电子设备导致睡眠不足和眼睛疲劳。

想一想：

（1）赵阳的网络成瘾对其产生了何种影响？

（2）你有什么好的建议能帮助赵阳远离网瘾？

一、网瘾带来的危害

网瘾是对互联网和数字科技的过度依赖和沉迷的一种现象，它带来了以下危害。

1. 社交隔离

网瘾使得个人更加孤立，缺乏与现实世界的交流和互动。沉迷于虚拟世界中，导致与家人、朋友和社会的真实联系变得薄弱，社交能力下降。

2. 心理健康问题

过度使用网络会对个人心理健康产生负面影响。长时间沉浸在虚拟世界中，可能导致焦虑、抑郁、孤独感、自卑、自杀倾向等心理问题。

3. 学业和工作问题

网瘾会对学业和工作产生不利影响。过度使用互联网会导致注意力不集中、学习效率下降、工作效率低下，从而影响个人的学习成绩和职业发展。

4. 健康问题

长时间坐在电脑或手机前，缺乏体育锻炼，容易导致身体健康问题，如肥胖、近视、腰椎不适等。网瘾也会导致饮食不规律和失眠等问题。

5. 沉迷娱乐无法自拔

对于网瘾患者而言，通过互联网获取的无限娱乐和满足需求的方式会使他们沉迷其中，难以自拔。这会导致时间管理问题和生活质量下降。

6. 负面行为和违法问题

一些网瘾患者可能沉溺于网络游戏、网络赌博等不良行为，甚至陷入网络欺诈、网络暴力等违法行为。

课堂活动

辩论：网络是天使还是魔鬼

正方：网络是天使

____

____

反方：网络是魔鬼

____

____

二、学生网络成瘾的心理原因

1. 学生有自我实现与情感表达的需要

人们在网络虚拟世界中，能比较容易获得成功的机会，实现自己的理想，获得心理上的满足。这是因为网络提供了新的方式来满足人的心理需要，这种方式就是替身，隐藏起真实的自我。如果学生将替身的成功当作是自身的成功，就会迷失自我。

生活中的压抑可以在网络世界中得到宣泄，这使学生在一定程度上获得了心理治疗，并产生了强大的内驱力。但是，学生的心智发展尚不完全成熟，很容易过分依赖网络，长期沉溺于网络世界，从而导致性格孤僻。

2. 家庭教育存在问题

调查研究表明，家庭气氛越好，子女对现实社会生活的参与度和满意度越高，其情感体验和表达就越积极正向，并且乐于参与各种社会活动，较为认同和适应集体，对生活保持乐观的态度。当进入网络世界时，也能保持较为清醒的认识，从而最大化地利用网络所带来的便利。而家庭气氛越差，子女对现实社会生活就会越疏离，产生的负性情绪也越多，从而更易在网络虚拟世界中寻求情感补偿，而过多使用网络又会导致其社会卷入和社会联系的大量减少，出现各种心理问题。

课堂思考

传说，古希腊有一位海峡女巫，她用自己的歌声诱惑所有经过这里的船只，使它们触礁沉没。智勇双全的奥德赛船长勇敢地接受了横渡海峡的任务。为了抵御女巫的歌声，他想出了一个办法：把船员们紧紧地绑在桅杆上，这样即使他们听到歌声也无法指挥水手；让所有的水手把耳朵堵上，使他们听不到女巫的歌声。最终，船只顺利地渡过了海峡。

1. 如果奥德赛船长抵制不住歌声的诱惑，结果会如何？

2. 奥德赛船长靠什么使船只顺利通过了海峡？这个故事说明了什么？

____

____

三、远离网瘾的方法

1. 想象厌恶法

当你非常想上网或正在上网的时候，想象某些厌恶的情境，达到减少上网行为的目的。例如，想象眼前站着某位使你感到害怕的人，如你威严的父亲或者严厉的老师等；也可以想象你最害怕的动物正在向你靠近；还可以想象键盘上爬满了毛毛虫等。

2. 自我管理法

（1）转移注意

可以在想上网的时候，强迫自己转移注意力，主动离开放有电脑的房间，用看书、打球、跑步、听音乐等其他活动取代原来的上网行为。甚至可以主动建议父母暂时取消家庭上网服务，或给电脑设置密码，将自己与网络隔绝。

（2）上网时间递减法

可以设立合理的“小步子”目标，逐渐减少上网时间。在此过程中，每次上网的时候，可以使用闹钟提醒自己准时结束。与此同时，可以让父母、朋友监督。

（3）自我指令

可以给自己制订学习时间表，规定每天什么时候必须学习。每当抵制住了诱惑，认真学习，度过了充实的一天之后，就应该进行自我鼓励：“今天的学习有收获，很投入。坚持就是胜利！”

（4）自觉提高上网效率

把上网该做的事高效完成，不要沉溺其中。

（5）自我奖励与自我惩罚

运用以上方法，根据自己完成的效果给予自己奖励或者惩罚。如果完成得好，就可以好好奖励自己，如去大吃一顿或买一个自己喜欢的东西；如果完成得不好，就惩罚自己做100个俯卧撑或者做家务等。

小故事

自强不息的海伦·凯勒

海伦·凯勒是一位很不平凡的女性。

她自小就既聋又哑还盲，但她却做出了极不平凡的业绩：奇迹般地学会了英语、法语、拉丁语等多种语言，并考进了哈佛大学拉德克利夫女子学院，作品被译成多种文字。她凭借自强不息的精神，受到了亿万人民的敬仰和爱戴。

张海迪的苦乐人生

张海迪5岁时因患脊髓血管瘤，高位截瘫，但她凭着顽强的毅力，自学了小学、中学、大学的课程。

15岁，张海迪随父母下放到聊城莘县一个贫困的小山村，在那里给村里的小学生教书，同时克服重重困难学习医学知识，并无偿为村民们治病。

28岁，张海迪走上了文学创作之路，发表长篇小说《轮椅上的梦》《绝顶》，翻译了《海边诊所》《丽贝卡在新学校》《小米勒旅行记》等。

1991年，张海迪在做过癌症手术后，继续与命运抗争，并开始学习哲学专业研究生课程，经过不懈的努力，写出论文《文化哲学视野里的残疾人问题》。

1993 年，她通过了吉林大学哲学系，研究生课程考试，并通过了论文答辩，被授予硕士学位。张海迪以超人的毅力战胜病魔，实现了人生的价值。正像她自己所说的："像所有矢志不渝的人一样，我把艰苦的探询本身当作真正的幸福。"她以克服自身障碍的精神，为残疾人进入知识的海洋开辟了一条道路。

心理拓展

世界观、人生观、价值观

中职生应从培养正确的世界观、人生观、价值观做起，通过提高自身心理素质，增强抵抗不良诱惑的自制力和信心。

1. 树立正确的世界观

世界观是一个人对整个世界的根本看法，世界观建立于一个人对自然、人生、社会和精神的科学的、系统的、丰富的认识基础上，它不仅仅是认识问题，而且还包括坚定的信念和积极的行动。

马克思主义世界观是迄今为止最科学的世界观。辩证唯物主义和历史唯物主义是马克思主义的基石。具体问题具体分析是马克思主义的活的灵魂，解放思想、实事求是、一切从实际出发是马克思主义理论的精髓。我们党把这一科学的世界观同中国的具体实践地结合，形成了有中国特色的"实事求是"的思想路线，即"一切从实际出发，理论联系实际，实事求是，在实践中检验真理和发展真理"。这是科学、正确的世界观最具体、最生动、最集中的表现。

树立正确的世界观，我们一定要尊重客观，顺应潮流，与时俱进。客观就是世界，世界是个什么样子你只能去认识它，去适应它，进而去改造它。要使自己适应客观，这样才能更好地发挥主观能动性。而顺应潮流，就是要把握时代的主题。与时俱进，就是要永远不落后，永远跟上时代的步伐，走在时代的前沿，这样我们才能看得更远。

2. 树立正确的人生观

人生观，是人们对人生问题的根本看法。主要内容是对人生目的、意义的认识和对人生的态度，具体包括公私观、义利观、苦乐观、荣辱观、幸福观和生死观等。人生观是人们在人生实践和生活环境中逐步形成的。人们的社会实践、生活境遇、文化素养和所受教育不同，因而形成了不同的人生观。

正确的人生观指引个体走人生的正道，用自己的劳动去创造人生业绩，成为一个有益于社会、有益于人民的高尚的人。错误的人生观将导致个体背离人生的正道，走上邪路，甚至成为危害社会、危害人民的罪人。

树立正确的人生观，要有坚定的理想信念和正确的人生态度。我们中职生应追求崇高的理想和高尚的品格，时刻严格要求自己，树立积极进取、乐观向上、厚德载物、自强不息的人生态度。

3. 树立正确的价值观

价值观，是人们对价值问题的根本看法，包括对价值的实质、构成、标准的认识，这些认识的不同，形成了人们不同的价值观。每个人都是在各自的价值观的引导下，形成不同的价值取向，追求着各自认为最有价值的东西。树立正确的价值观和科学、合理的价值取向，对一个人的发展是至关重要的。

我们正面临着人生发展的最为关键的时期。时代要求我们要在学习、生活等各方面，全方位面对和思考如何正确处理个体与社会的关系等一系列重大问题。我们要学会生存、学会学习、学会创造、学会奉献，这些都是我们将来面向社会和生活所必须具有的最基本、最重要的品质。其中，最核心的就是学会做人；做一个有理想、有道德、有高尚情操，有利于社会、有利于国家的人。这就要求我们每个人必须从现在做起，牢固树立正确的人生价值观。

世界观、人生观、价值观是一个有机的整体，是既有区别，又有密切联系的。一个人如果不能从世界观上唯物而辩证地、客观而全面地看待事物，就很难确立自己正确的人生观和价值观。当然，人生观和价值观也会对世界观发生作用，或是巩固、完善、促进世界观的发展，或是动摇、破坏、扭曲世界观。

中职生就要不断地学习，培养正确的世界观、人生观和价值观，通过正确的世界观、人生观、价值观，确立高尚、进步的价值追求，实现自己完美的人生价值。

趣味测试

互联网成瘾综合征

看看下面10道题的描述，有几项与你的情况比较符合。

1. 你是否总嫌上网的时间太少，不能满足你的要求？

2. 自从你接触网络以来，上网的时间是否不断增加？

3. 你心情不好时，一上网是否就会恢复好心情？

4. 上网的费用是否太多，以至于你有点无法接受？

5. 离开网络后，你是否总难以忘记上网时所浏览的网页、聊天内容等？

6. 有一段时间不上网，你是否就会感到焦躁不安？

7. 你是否愿意为了上网而放弃上课？

8. 你上网的时间是否经常比预计的时间长？

9. 你离开网络后是否会产生失落感？

10. 你是否会对父母或朋友掩饰上网的行为？

结果如何呢？如果有1～2项符合，那就要反思一下自己了，否则再发展下去，当心染上“互联网成瘾综合征”。如果有4～5项符合，说明你已经有网络成瘾倾向了，请赶快采取补救措施。

心灵体验

1. 测测你的意志力（表8－4）

表8－4　测测你的意志力

序号	题目	是	否
1	“这是最后一次了”是你的口头禅		
2	你经常做出令自己后悔的事		
3	你总是不等到月底就花完这个月的零花钱		
4	你是个很好说话的人，说服你不是什么难事		
5	你经常不能完成自己制订的学习目标		
6	你时常陷入接二连三的麻烦之中		
7	你时常幻想那些不切实际的事，并深深地沉溺其中		
8	你经常赖床		
9	你的保证与诺言已不太被相信了		
10	你每次到超市购物都超出原来的购买预算		

结果分析：

选“是”得1分；选“否”，得0分。得分为0～3分，说明你抵抗诱惑的能力很强；得分为4～10分，说明你易于向诱惑屈服。

2. 学会拒绝

假如有人这样诱惑你，你会怎样做？（表 8－5）

表 8－5　面对诱惑，我的做法

序号	题目	我的做法
1	你考试成绩很糟糕，非常失落，这时已经退学的小刚神秘地拿着一样东西和你说：“尝尝这个可以让你瞬间忘记烦恼！”	
2	放假了，你觉得特别无聊，这时有个以前的同学和你说：“走呀，去网吧，最近我发现一个特别好玩的游戏，一起去 Happy 一下吧！”	
3	一天放学，小明和你说：“你看你，多老土，不知道抽烟是特时髦的一件事吗？来吧，抽一支，也赶赶时髦吧！”	
4	如果你是一个女孩子，在路上碰到一个社会青年，和你说：“我给你 2000 块，陪我一晚上吧！”	
5	一天，同学小海到你家去玩，告诉你他发现一个特别刺激的网站，想和你在你家里用电脑一起看	

参考文献

［1］王钟宝，应江洮．中职生心理健康教育［M］．西安：电子科技大学出版社，2022.

［2］宋兴川，刘继明．中职生心理健康［M］．北京：北京理工大学出版社，2021.

［3］杨小英，黄延海，谭滟莎．心理健康与职业生涯［M］．北京：中国人民大学出版社，2021.

［4］蒋彩敏．青少年智能手机成瘾与感觉寻求的关系：孤独感的中介作用［D］．扬州：扬州大学，2021.

［5］徐平，张雪娇．践行社会责任　彰显文化担当［N］．中国新闻出版广电报，2021-08-02（5）.

［6］罗勇智，刘厚房，王明强．心理健康与职业生涯［M］．镇江：江苏大学出版社，2020.

［7］王志凤．中职学生心理健康状况调查报告［J］．职业，2020，(8)：30-31.

［8］林琳．青春的选择：异性交往要适当［J］．中小学心理健康教育，2020，(28)：57-59.

［9］贾丽萍．情绪与行为：注意视角下的研究［M］．青岛：中国海洋大学出版社，2019.

［10］颜苏勤．中职生心理健康［M］．北京：高等教育出版社，2018.

［11］巢燕，宦平．心理健康教育读本［M］.3版．北京：中国劳动社会保障出版社，2018.

［12］安妮·布洛克，希瑟·亨得利．成长型思维训练［M］．张婕，译．上海：上海社会科学院出版社，2018.

［13］兰瑞侠，郭俊峰．心理健康教育［M］.2版．北京：中国传媒大学出版社，2018.

[14] 杨小英，黄延海. 心理健康教育 [M]. 北京：中国人民大学出版社，2017.

[15] 李金泉，万春. 青春期健康教育 [M].2 版. 重庆：重庆大学出版社，2017.

[16] 卡罗尔·德韦克. 终身成长 [M]. 楚祎楠，译. 南昌：江西人民出版社，2017.

[17] 王秀英. 心理健康教育 [M]. 北京：中国原子能出版社，2017.

[18] 孙云晓. 亲子关系决定孩子一生幸福的密码 [M]. 杭州：浙江文艺出版社，2016.

[19] 彭志斌，梁丽媚. 中职生心理健康教育 [M]. 广州：暨南大学出版社，2015.

[20] 焦雨梅，等. 心理健康教育 [M]. 镇江：江苏大学出版社，2014.

[21] 许晓霞，高惠华. 中职生心理辅导 [M]. 北京：中国人民大学出版社，2014.

[22] 俞国良. 心理健康 [M]. 北京：北京师范大学出版社，2013.